Michael Kotsch

W0058920

Atheismus
Der neue Streit um Gott

SCM Hänssler

SCM

Stiftung Christliche Medien

Bestell-Nr. 394.963
ISBN 978-3-7751-4963-1

© Copyright der deutschen Ausgabe 2008 by
SCM Hänssler im SCM-Verlag GmbH & Co. KG · 71088 Holzgerlingen
Internet: www.scm-haenssler.de
E-Mail: info@scm-haenssler.de
Umschlaggestaltung: Jens Vogelsang, Aachen
Titelbild: »The Yorck Project«, Gesellschaft für Bildarchivierung
mbH, Buonarroti Michelangelo, »Der Schöpfergott erschafft Adam«
Bilder im Innenteil:
S. 23 © Public domain due to age of photography.
Scan processed by Anton (2005)
S. 11: © Hauptmann und Kompanie
S. 35: © Ullstein Verlag, Berlin
S. 80: Edmund Engelman, Sigmund Freud: Berggasse 19, Vienna.
Universe Publishing (November 15, 1998).
© The Library of Congress Prints & Photographs Online Catalog;
www.loc.gov/rr/print/catalog.html
S. 87: © Public domain due to age of photography.
Scan processed by Anton (2005)
Satz: typoscript GmbH, Kirchentellinsfurt
Druck und Bindung: CPI – Ebner & Spiegel, Ulm
Printed in Germany

Die Bibelverse sind folgender Ausgabe entnommen:
Neues Leben. Die Bibel, © Copyright der deutschen Ausgabe 2002
und 2006 by SCM Hänssler, D-71087 Holzgerlingen.

Inhalt

Kurz und bündig

Geht es Ihnen nicht auch so? Über manch einen Themenbereich würde man gerne als Normalbürger Bescheid wissen (oder muss es vielleicht sogar). Doch was die Fachleute schreiben, ist im Normalfall zu kompliziert und zu umfangreich. Wer hat schon Zeit, sich in jedes Thema wochenlang einzuarbeiten!?

Hier wollen wir Hilfestellung leisten. In *Hänssler kurz und bündig* geben Fachleute, die sich mit einem Thema schon seit Jahren intensiv beschäftigen, kurz und verständlich einen Überblick über das, was man wissen muss, wenn man Bescheid wissen will und mitreden können möchte.

Dabei enthält jeder Band der Reihe *Hänssler kurz und bündig* die folgenden Elemente:

- Fakten und Basisinformationen
- die Diskussion kontroverser Fragen
- praktische Hilfen und Hinweise zum Weiterarbeiten

All das ist so angelegt, dass der Leser sich in zwei bis drei Stunden (also etwa statt des Abendkrimis oder auf einer Zugfahrt) ein Thema in seinen Grundlagen aneignen kann. Die Anwendung im Leben oder das anschließende Gespräch mit anderen wird dann aber sicher etwas länger dauern ...

Ich würde mir wünschen, dass dieser kleine Band Ihren Horizont erweitern kann und die Informationen liefert, die Sie suchen.

Thomas Schirrmacher

Die 3,3 Millionen Bürger im Gebiet der ehemaligen DDR, die sich bei Umfragen noch als ›echte‹ Atheisten bezeichnen, machen etwa 2,5 % der ›echten‹ Atheisten international aus, deren Gesamtzahl weltweit nur noch auf rückläufige 147 Millionen geschätzt wird, also etwas mehr als 1,5 % der Weltbevölkerung.

Diese Zahl macht schlaglichtartig deutlich, wie sehr sich unsere Welt in den letzten 15 Jahren verändert hat. Als ich in die Schule ging, schien die Welt von Tag zu Tag säkularer und atheistischer zu werden. Neben dem großen kommunistischen Block einschließlich Ländern wie China und der Sowjetunion und der säkularisierten westlichen Welt mussten sich viele Länder der Dritten Welt zwischen den beiden nichtreligiösen Blöcken entscheiden oder suchten als blockfreie Länder eine politisch säkulare Zukunft. Für viele hatte Religion mit dem realen Leben nichts mehr zu tun, für die einen war es eine Art Folklore wie das Oktoberfest, für die anderen eine geistige Verwirrung.

Wie anders heute: Die atheistisch-kommunistische Welt ist auf kleine Länder wie Nordkorea geschrumpft. In China wachsen die Religionen enorm. Die USA erlebt eine Wiederbelebung von Christentum und Islam wie nie zuvor. Die gesamte islamische Welt ist religiös am Erwachen. Die Türkei wird wieder von islamischen Parteien regiert und Länder wie Indien und Indonesien versuchen verzweifelt, ihren religionsneutralen Status gegen politische Nationalisten aus Hinduismus und Islam zu verteidigen.

Angesichts der wachsenden Übermacht der Religionen melden sich viele intellektuelle Vertreter des Atheismus lautstark zu Wort. Die Antworten lassen nicht lange auf sich warten. Auf beiden Seiten sind die gebildetsten Köpfe dieser Welt beteiligt. Grund genug, kurz und bündig einen Einblick in die

Diskussion und ihre Argumente zu suchen. Und letztlich kann die Wahrheit von Atheismus oder Gottesglaube ja auch nicht an Zahlen, Erfolgen und Entwicklungen festgemacht werden, sondern nur an der ihr zugrunde liegenden Diskussion, wo unsere Welt herkommt und wer wir Menschen eigentlich sind.

Thomas Schirrmacher

I. Der »neue Atheismus«

»Gott ist tot«, schrieb Friedrich Nietzsche. Heute ist das der Schlachtruf im Kreuzzug der neuen Atheisten. Mit harten Bandagen kämpfen sie für eine gottlose Welt. Das Neue an den neuen Atheisten ist ihr missionarischer Eifer. Die Menschen sollen »zum Atheismus bekehrt werden« (Richard Dawkins). Die Wurzel allen Übels ist für sie der Glaube an Gott.

Das Nachrichtenmagazin »Der Spiegel« widmete ihnen eine Titelstory: »Gott ist an allem schuld! Der Kreuzzug der neuen Atheisten« (Nr. 22/26. 5. 07).

Als »Papst« der neuen Atheisten wird gelegentlich der Evolutionsbiologe Richard Dawkins bezeichnet. Sein Buch »Der Gotteswahn« stand mehr als 30 Wochen auf den Bestsellerlisten in den USA und Großbritannien und war auch in Deutschland längere Zeit dort vertreten. Zum Glauben der US-Amerikaner merkt Dawkins an: »Es ist wahr, dass es bis vor kurzem ein religiöses Revival gab. Aber das wird enden. Und wir helfen dabei.«[1] Unterstützt wird diese Absicht von Webseiten wie www.infidels.org oder www.religionisbullshit.net. Auf die Frage, wie er mit Menschen umzugehen gedenkt, die durch den Glauben Frieden und Sinn in ihrem Leben gewonnen hätten, antwortet Dawkins: »Ich würde auch einem Kind nicht seinen Schnuller wegnehmen. Aber es bleibt ein infantiles Verhalten.«[2]

In »Der Herr ist kein Hirte« (Blessing 2007) verkündet Christopher Hitchens das Evangelium des Atheismus. Hitchens lässt keine Zweifel daran, dass Religion in jeder Form ganz generell »die Welt vergiftet«. Sie sei eine Quelle von Intoleranz, Sexismus, Siechtum, Gewalt und körperlichem wie seelischem Missbrauch. Wir wären besser dran, wenn wir sie deshalb endlich überwänden.

Der US-Amerikaner Sam Harris fasst seinen Ärger über den Schöpfungsglauben und die Religiosität seiner Landsleute in die Bücher »Das Ende des Glaubens. Religion, Terror und das Licht der Vernunft« (Edition Spuren 2007) und »Brief an ein christliches Land. Eine Abrechnung mit dem religiösen Fundamentalismus« (C. Bertelsmann 2008). Darin analysiert Harris die Dogmen des Judentums, Christentums sowie des Islam und betont deren Unvereinbarkeit mit den Werten der Aufklärung, den Errungenschaften der Moderne und nicht zuletzt mit dem gesunden Menschenverstand. Die größte Gefahr für Frieden und Sicherheit auf der Welt sieht Harris jedoch ganz eindeutig im Islam. Allerdings fordert er zum Schutz der säkularen Freiheit auch die Möglichkeit der Folter von islamischen Terroristen (»Das Ende des Glaubens«, S. 197).

Abb. 1: Christopher Hitchens, Der Herr ist kein Hirte, Blessing Verlag.

Michel Onfray engagiert sich in Frankreich für den neuen Atheismus: »Wir brauchen keinen Gott. Warum man jetzt Atheist sein muss« (Piper 2007³). Ausführlich referiert Onfray die altbekannten Ergebnisse der Bibelkritik und beklagt dann, dass der Glaube immer noch viel zu viel den Alltag, die Justiz, die Lebensplanung und die Politik prägt. Bibel, Koran oder Talmud werden abwechselnd als »Märchen«, »Wahnsinn« oder »Mythos« bezeichnet. Sie seien der Nährboden für Unmenschlichkeit, Unterdrückung und Faschismus. Religion wirke im

Privaten ähnlich beruhigend wie Drogen oder Alkohol, so Onfray. Weit besser aber sei es, sich bei Philosophen wie Epikur,
Montaigne oder Voltaire zu orientieren. Zwar könne er auch andere Überzeugungen tolerieren, Meinungsfreiheit gelte »aber
nicht, um Lügen und Irrtümer zu verbreiten«. Alle Religionen
funktionieren für ihn nach demselben Muster: »Sie laden ein,
uns mit dieser Welt zu überwerfen, um nur die andere [jensei-
tige] Welt zu feiern.« Stattdessen sollten die Menschen ihre
eigenen ethischen und kulturellen Spielregeln ausdiskutieren,
akzeptieren, dass sie Produkte des Zufalls seien, und das Leben
genießen, bevor es im Nichts verschwindet.[3]

In Deutschland organisieren die »Giordano Bruno Stiftung«,
der »Humanistische Verband Deutschland« und der »Inter-
nationale Bund der Konfessionslosen und Atheisten« die
Propaganda gegen Gott. Internetseiten informieren über die
»Verbrechen« der Religionen. Seminare sollen fit machen für
den Kampf gegen den Aberglauben, und gemeinsame Demons-
trationen nutzen die Aufmerksamkeit christlicher Großveran-
staltungen. Mit dem »Deschner-Preis« wird geehrt, wer sich in
der Öffentlichkeit um die Verbreitung des Atheismus verdient
gemacht hat (Preisträger 2007: Richard Dawkins).

Da Religion im Alltag der meisten Deutschen keine große
Rolle mehr spielt und die Kirchen nicht gewalttätig agieren,
fehlt den »Anti-Christen« aber gewissermaßen ein handfester
Gegner. Abgesehen von wenig gelesenen Abhandlungen zum
Atheismus bleiben den »Gottlosen« in einem säkularisierten
Land wohl nur noch Kirchenspott und Tabuverletzung, um
gegen den Glauben vorzugehen.

Der Journalist Alexander Smoltczyk formuliert die »Zehn
Gebote« der neuen Atheisten:[4]

1. *Du sollst nicht glauben.*
   Atheismus ist ein Zeichen geistiger Gesundheit. Uner-
   klärliche Phänomene werden von der zukünftigen Forschung befriedigend erklärt.

2. *Du sollst dir kein Selbstbildnis machen und es Gott nennen.*

   Religiöse Erfahrungen sind lediglich Störungen der Hirnlappen.

3. *Du sollst keine Götter neben dir dulden.*

   Atheisten können keine Religion neben sich dulden, da Gläubige immer eine Gefahr für den Weltfrieden sind.

4. *Du sollst keinen Schöpfer haben.*

   Mit der Evolution ist die Entstehung der Welt befriedigend erklärt; man braucht keinen Schöpfer mehr.

5. *Du sollst deine Kinder ehren und sie deshalb mit Gott in Frieden lassen.*

   Religiöse Erziehung schadet Kindern, weshalb sie stattdessen einen wissenschaftlich fundierten Aufklärungsunterricht erhalten sollen.

6. *Sei gut auch ohne Gott.*

   Hat der Mensch erst die Kürze und Armseligkeit seines Lebens verstanden, wird er sich selbst humane ethische Normen schaffen.

7. *Du sollst keine anderen Götter neben der Wissenschaft haben.*

   Wissenschaft und Glaube schließen einander aus. Gläubige Forscher unterliegen einer Sinnestäuschung.

8. *Liebe deinen Nächsten – ohne schlechtes Gewissen.*

   Wer feiert und freien Sex hat, wird kein religiöser Extremist.

9. *Du sollst den Sabbat nicht ehren.*

   Religionen dürfen keine Sonderrechte genießen. Sie müssen sich den Regeln des Verstandes, d. h. des Atheismus unterwerfen.

10. *Du sollst nicht knien als Schöpfer.*

    Der Mensch ist Schöpfer des Schönen und Guten.

Nicht alle freuen sich über die kämpferischen Töne des neuen Atheismus. Selbst Sympathisanten kritisieren die oberflächlichen und polemischen Abrechnungen mit den Religionen. Zumeist werden weder die Primärquellen der Religionen herangezogen noch wird der Versuch unternommen, ihren Glauben sachgerecht darzustellen. Stattdessen genügt eine Karikatur etwa des Christentums, die dann bequem abgeschossen werden kann. Andere befürchten einen atheistischen Fundamentalismus und eine Diskriminierung des Glaubens im Namen des Materialismus. Der religionskritische Philosoph Jürgen Habermas steht einer atheistischen Ethik abwartend gegenüber: »Auch der aufgeklärte Verfassungsstaat stutzt sich auf den real existierenden Gottesglauben seiner Bürger, um seine Normen durchzusetzen... Bislang konnte kein Verfassungspatriotismus, keine ›Wir sind Deutschland‹-Kampagne, kein Kult der Rationalität als Ersatz für religiöse Gefühle taugen.«[5]

Der »Spiegel« sieht in den Aktionen der neuen Atheisten »das Coming-out all jener, die lange glaubten, die Gottesfrage würde sich von selbst erledigen. Und die jetzt merken, wie ihre Gesellschaften den Glauben an die Gottlosigkeit zu verlieren beginnen... Vielleicht ist es auch die nackte Panik, dass Gott im Kampf mit der Aufklärung Sieger bleiben könnte.«[6]

II. | Atheismus gestern und heute

Irgendwie gab es den Atheismus schon immer, zumindest solange aussagekräftige literarische Quellen zurückreichen. Allerdings hat sich das, was man unter Atheismus verstand, im Laufe der Zeit verändert. So klagte man beispielsweise die ersten Christen an, Atheisten zu sein, nicht etwa, weil diese die Existenz Gottes infrage stellten, sondern weil der Gott, den sie verehrten, nicht sichtbar und greifbar war. Erst seit der Wende vom 16. zum 17. Jahrhundert bezeichnete man den als Atheisten, der die Meinung vertrat, es existiere kein Gott. Dabei war es unerheblich, ob es sich um ein abstraktes Absolutes, eine göttliche Kraft, einen vermenschlichten oder einen persönlichen Gott handelte – wobei sich die meisten Denker natürlich gegen die christliche Gottesvorstellung wandten, einfach deshalb, weil das auf der Bibel basierende Gottesbild damals in Europa das dominierende gewesen war. Im weiteren Sinn wurde von der christlichen Religionswissenschaft auch der Buddhismus und der Taoismus als atheistisch bezeichnet, weil diese den Gedanken eines personalen Gottes ablehnen.

In der griechischen und römischen Antike galten diejenigen als *atheoi*, die die offiziellen Götter nicht anerkannten und an deren Kult nicht teilnahmen (vgl. Platon, Nomoi 904a ff.). So wurde auch Sokrates Atheismus vorgeworfen, weil er zu behaupten wagte, dass der wahre Gott nicht in den Statuen und Kulten der offiziellen Götterwelt zu finden sei, sondern in der Natur und im Gewissen. Im römischen Kaiserreich zählten auch die Christen zu den Atheisten, weil sie die Existenz der öffentlichen Götter leugneten und weil man ihren Gott nicht sehen konnte.

Im europäischen Mittelalter bezeichnete man summarisch alle Heiden als *atheistae*, auch Muslime, weil sie nicht an den christlichen Gott glaubten. In den Göttern der Heiden sah man, ausgehend vom Alten Testament (5. Mose 4,28; Psalm 96,5; Jesaja 44,9 ff.), bloße Statuen, denen menschliche Vorstellungen Leben zuschrieben.

Erst in der neuzeitlichen Geistesgeschichte erhielt der Begriff »Atheismus« seine heute gebräuchliche Bedeutung. Ein Atheist ist heute der, der die Existenz eines transzendenten, d. h. eines unserer materiellen, irdischen Welt nicht unmittelbar zugänglichen Wesens ablehnt, unabhängig davon, ob es als Person aufgefasst wird oder nicht.

2.1 Atheismus in Asien

Auch wenn der Begriff »Atheismus« seine Bedeutung im Laufe der Geschichte mehrfach veränderte: Menschen, die aus unterschiedlichen Gründen die Existenz eines Gottes ablehnten, gab es schon immer, nur wurde diese Überzeugung anders benannt.

In der hinduistisch geprägten Samkhya-Philosophie (ab 400 v. Chr.) wird gegen die Existenz eines höchsten Wesens argumentiert. Spuren davon finden sich im indischen Mahabharata-Epos.

Der frühe Buddhismus kritisiert scharf die vielfältigen Göttervorstellungen und -darstellungen Indiens. Dadurch bekommt er einen atheistischen Zug, ohne allerdings ein jenseitiges Leben generell zu verneinen. Im späteren Mahayana- und Vajrayana-Buddhismus aber werden wieder Götter aus der buddhistischen Umwelt integriert und auch bereits verstorbene Buddhas vergöttlicht und angebetet. Gelegentlich wird Buddha sogar als eine Art Übergott verstanden.

Der Konfuzianismus entwirft eine detaillierte Ethik für das irdische Zusammenleben. Das Jenseits ist eigentlich nur in der richtigen Verehrung der Ahnen relevant. Man könnte den Konfuzianismus deshalb auch als atheistische Religion bezeichnen.

Im Alten Testament werden Menschen erwähnt, die äußern, dass es keinen Gott gibt (Psalm 10,4; 14,1; 53,2), wobei es sich hier vermutlich nicht um dogmatische Atheisten handelte, sondern um Menschen, denen es angenehmer schien, Gottes Regeln und Vorschriften außer Acht zu lassen, um ihr Leben nach eigenen Wünschen gestalten zu können.

Auch bei einigen der antiken griechischen Philosophen finden sich Argumente gegen eine vermenschlichte Vorstellung Gottes und gegen die Existenz Gottes generell. So kritisiert Xenophanes (ca. 570–470 v. Chr.) den Anthropomorphismus[7] der Götterdarstellungen seiner Zeit (VS 21 B 11–16). Protagoras (485–415 v. Chr.) stellt dann sogar die Möglichkeit einer Gotteserkenntnis infrage. Trotzdem können beide dann auch von einem geistigen, menschenunähnlichen Gott sprechen.

Eindeutig atheistisch äußert sich Demokrit (460–370 v. Chr.), der über den Götterglauben »der Alten« spottet und aus deren Wunschdenken erklärt. Er versteht die Welt rein materialistisch. Sie setzt sich seiner Vorstellung nach aus kleinsten, unzerstörbaren, ewig bestehenden Atomen zusammen.

Diagoras von Melos (geb. 475 v. Chr.) übernahm als Schüler des Demokrit dessen Meinung, Götter seien Schlussfolgerungen aus erschreckenden Naturerscheinungen. Er soll zum Atheisten geworden sein, nachdem ein Schüler ihn bestahl und danach ein glückliches Leben lebte, anstatt von den Göttern für die Tat und das anschließende Leugnen derselben bestraft zu werden. Diagoras soll auch einmal das hölzerne Abbild eines Gottes mit den Worten ins Feuer geworfen haben, die Gottheit sollte sich doch durch ein Wunder selbst retten. Kritias (460–403 v. Chr.) behauptete, die Götter seien lediglich erfunden worden, um als drohende Abschreckung die Einhaltung der moralischen Ordnung zu gewährleisten. Für Epikur (341–271 v. Chr.) kann es keinen allmächtigen und den

Menschen wohlgesinnten Gott geben: »Entweder will Gott die Übel beseitigen und kann es nicht, oder er kann es und will es nicht, oder er kann es nicht und will es nicht, oder er kann und will es.« Lukrez (ca. 97–55 v. Chr.) argumentiert gegen die abergläubische Gottesfurcht seiner Zeitgenossen. Cicero (106–43 v. Chr.) hingegen lehnt die Existenz Gottes pauschal ab (*De natura deorum*). Auch dem von der Stoa beeinflussten Kaiser Mark Aurel (121–180 n. Chr.) sowie dem Stoiker Seneca (1–65 n. Chr.) wird gelegentlich eine atheistische Haltung zugeschrieben.

2.3 Atheismus im Mittelalter

Im christlichen Mittelalter findet sich kein wirklicher Atheismus, es wird lediglich um den wahren Gottesglauben gestritten. Allerdings löst die Auseinandersetzung mit der griechischen und arabischen Philosophie ein neues Nachdenken über Gott aus, das sich in der Formulierung von Gottesbeweisen niederschlägt (11.–12. Jahrhundert). Von den Gebildeten wurde der unhinterfragbare Absolutheitsanspruch des Christentums zunehmend in Zweifel gezogen. Kaiser Friedrich II. (1194–1250) setzte sich zeitlebens mit dem Islam und dem Judentum auseinander, doch darf er kaum als Atheist betrachtet werden, obwohl man ihm den Ausspruch von »den drei Betrügern: Jesus, Mose und Mohammed« andichtete. Im 12. Jahrhundert provozierten die Goliarden (umherziehende Studenten, die sich als profaner Orden verstanden) in ihren Liedern mit zum Teil bewusst obszönen atheistischen Positionen wie: »Ich bin begieriger nach Wollust als nach dem ewigen Seelenheil.«

2.4 Atheismus im Islam

Atheismus geht nach islamischer Auffassung zumeist auf Philosophie zurück, die einseitig den Verstand hervorhebt. Insbesondere heidnische Philosophie wird hier beargwöhnt, weil sie die Bedeutung des Korans entwertet. Manchem islamischen Mystiker ist der Unglaube lieber als die philosophische Spekulation. Im Einklang mit dem Koran vertreten islamische Gelehrte die ewige Verdammnis für Atheisten (ab 650 n. Chr.). Atheisten sind schlechter angesehen als Juden und Christen. Ihnen ist es verboten, Muslime zu heiraten oder auf islamischen Friedhöfen bestattet zu werden. Für Schiiten sind Atheisten »unrein« (Sure 9:28). Besonders heftig wird der Atheismus im politischen Kontext abgelehnt, weil Muslime darin eine direkte Bedrohung eigener gesellschaftlicher Führungsansprüche sehen. Einen ausformulierten Atheismus hat es in der islamischen Geistesgeschichte nicht gegeben.[8]

2.5 Atheismus in der Neuzeit

Eine größere Relevanz bekommen atheistische Gedanken erst durch die aufblühenden Naturwissenschaften. Sie verlangen eine streng mathematisch-experimentelle Methode, in der ein nicht berechenbarer Gott keinen Platz mehr hat. Doch handelt es sich hier lediglich um einen methodischen Atheismus, der Gott aus eigenen Kalkulationen ausschließt, um zu konkreten Ergebnissen kommen zu können. Je stärker jedoch die Naturwissenschaft herangezogen wurde, um jeden Bereich der Wirklichkeit zu erforschen und zu erklären, desto weniger Raum blieb für einen bloßen Lückenfüller-Gott. Noch allerdings ignorierten die meisten Forscher Gott lediglich in ihrer naturwissenschaftlichen Arbeit. Privat waren sie häufig überzeugte Christen (z. B. Nikolaus Kopernikus, Johannes Kepler, Isaac Newton). Giordano Bruno (1548–1600) und Baruch de Spinoza (1632–1677) bemühten sich, den methodischen Atheismus der Naturwissenschaften zu einem faktisch atheistischen Weltbild auszuweiten, beide jedoch ohne großen Erfolg.

Der Versuch einer theologiefreien Begründung der Gesellschaft führte schließlich zu einer größeren Verbreitung des Atheismus. Religion wird hier nur noch als Instrument zur Erhaltung der staatlichen Ordnung interpretiert (z. B. Niccolò Machiavelli, 1469–1527) und von der kirchlichen Autorität gelöst (z. B. Jean Bodin, 1529–1596). Religion, so wurde behauptet, mache keine Aussagen über die materielle Welt oder über Vergangenheit und Zukunft. Sie habe lediglich den Zweck, moralische Prinzipien, wie etwa die *Goldene Regel*[9], in der Gesellschaft zu garantieren (so z. B. Tommaso Campanella, 1568–1639). Die Existenz Gottes wird hier nicht direkt geleugnet, ist für die Funktion der Religion aber entbehrlich. Typisch für die geistige Situation dieser Zeit ist die Einkleidung der faktisch atheistischen Argumentation in eine theologische Sprache, in der noch immer von Gott gesprochen wird, längst aber autoritätsfreie Vernunft gemeint wird. In England wird diese Position seit Herbert von Cherbury (1583–1648) »Deismus« genannt. Zwar wird die Existenz Gottes nicht bestritten, aber er hat keine Bedeutung für das alltägliche Leben. John Toland (1670–1722) bezeichnete seine materialistische Welterklärung als »Pantheismus«. Der Deist Anthony Collins (1676–1729) prägte den Begriff »Freidenker« für Personen, die die Welt ohne Hilfe religiöser Autoritäten zu erklären versuchen. Nach Anthony Ashley Cooper, 3rd Earl of Shaftesbury (1671–1713), liegt die Bedeutung des Christentums in der Begründung einer moralischen Grundordnung für die Gesellschaft und für das Gewissen des einzelnen Menschen. Christliche Jenseitsvorstellungen seien in dieser Funktion allerdings überflüssig.

Der Philosoph und Dramatiker Voltaire (1694–1778) war in seiner Zeit für seine atheistische Propaganda und seine Polemik gegenüber der Kirche bekannt, obwohl er durchaus für die Unsterblichkeit der Seele und die Existenz einer höchsten Intelligenz eintrat.

Als erster dogmatischer Atheist der Neuzeit gilt Jean Meslier (1664–1729). In seinen zwischen 1719 und 1729 verfassten *Pensées et sentiments* stellt Meslier die Existenz von Göttern völlig in Abrede. Sie sind für ihn bloße Hirngespinste. Die Kirche bezeichnet er polemisch als Ausbeuter und Unterdrücker der Armen.

Noch deutlicher atheistisch sind die französischen Materialisten. Julien Offray de La Mettrie (1709–1751) erklärt den Menschen nach dem Vorbild der Mechanik zu einer biologischen Maschine. Nach seiner Auffassung könne die Welt allein durch die Naturwissenschaft zufriedenstellend erklärt werden, sodass die »Hypothese« Gott überflüssig geworden sei. Paul Henri Thiry d'Holbach (1723–1789) will den Menschen durch die wissenschaftliche Erforschung der gesellschaftlichen Verhältnisse von aller Religion befreien. Die Rede von Gott ist für ihn das Eingeständnis, keine Erklärung mehr zu haben. Religion sei gefährlich, weil sie Unwissenheit und kranke Einbildungskraft fördere. Wörter wie »Gott« sollten aus der Sprache verbannt werden, um eine klare Verständigung zu ermöglichen. In der Französischen Revolution führt sein dogmatischer Atheismus zur Verfolgung und Ermordung von Pfarrern und zur Plünderung von Kirchen.

In Deutschland verläuft die Entwicklung zu einem theoretischen Atheismus moderater. Aufklärer wie Gotthold Ephraim Lessing (1729–1781) bekämpfen die Intoleranz der Religionen und weisen dem Glauben in erster Linie erzieherische Funktion zu. Immanuel Kant (1724–1804) bezeichnet in seiner »Kritik der reinen Vernunft« alle bisher gebildeten Gottesbegriffe als »methodisch erschlichen«. Gleichzeitig sieht er in der Anschauung der Natur und im angeborenen Gewissen jedes

Menschen einen »moralischen Gottesbeweis«. Friedrich Karl Forberg (1770–1848) kritisiert Kant und meint, es sei lediglich Pflicht des Menschen, moralisch so zu handeln, als ob es einen richtenden Gott gäbe. Dieser Glaube sei aber nichts anderes als der Wunsch, dass das Gute über das Böse siege.

2.6 Der Atheismus im 19. Jahrhundert

Eine atheistische Bewegung entsteht durch Ludwig Feuerbach (1804–1872), einen Schüler Georg Wilhelm Friedrich Hegels (1770–1831). Die damals verbreitete Bibelkritik wird bei ihm zu einer umfassenden Religionskritik (»Das Wesen des Christentums«, 1841). Religion hindere den Menschen, sein eigenes Glück selbst zu schaffen. Gott ist für Feuerbach lediglich die Projektion der unerfüllten Wünsche der Menschen in den Himmel hinein: »Der Mensch schuf Gott nach seinem Bilde.«[10]

Karl Marx (1818–1883) schließlich fordert im Sinne eines praktischen Atheismus die Fortsetzung der Religionskritik durch die Veränderung der gesellschaftlichen Verhältnisse. Religion müsse bekämpft werden, weil sie als »Opium des Volkes« die Menschen davon abhalte, ihre gesellschaftlichen Verhältnisse auch mit Gewalt zu verändern. Religion führt nach Marx den Menschen zur Selbstentfremdung. Statt sich für den ihm zustehenden Anteil an materiellen Gütern einzusetzen, hofft er auf sein Glück im Jenseits.

Durch die Verbindung des Atheismus mit der Gesellschaftskritik Mitte des 19. Jahrhunderts nimmt die atheistische Literatur rapide zu. Populär sind insbesondere die polemischen Vulgärmaterialisten Jakob Moleschott (»Kreislauf der Natur« 1852), Carl Vogt (»Köhlerglaube und Wissenschaft« 1854) und Ludwig Büchner (»Kraft und Stoff« 1855). Am wirksamsten war hier das Buch »Die Welträtsel« (1899) von Ernst Haeckel (1834–1919), in dem die Evolutionstheorie als Hauptargument gegen Gott eingesetzt wird. Haeckel geht es in seiner Schrift weniger um eine sachliche Auseinandersetzung als vielmehr um einen polemischen Kampf gegen Gott, der auch vor Fälschung wissenschaftlicher Ergebnisse (Embryonentafeln) nicht Halt macht.

Abb. 2: Friedrich Nietzsche 1874 oder 1875 im Alter von 29 oder 30 Jahren; Fotografie eines F. Hartmann in Basel.

Friedrich Nietzsches (1844–1900) leidenschaftliches Plädoyer für den »Tod Gottes« bringt keine substanziell neuen Argumente. Der christliche Gott ist für ihn eine Erfindung der Schwachen. Durch eine göttlich sanktionierte Ethik (z. B. Nächstenliebe) wollen diese die Starken unterdrücken. Nietzsche bezeichnete sich als den »ersten Immoralisten« und meint damit eine Haltung des bewussten Verzichts auf eine Rückbindung an eine metaphysische Ordnung und Wahrheit. Wenn er triumphierend vom *Ende Gottes* spricht, scheint auch Verzweiflung durch, weil der normale Mensch ohne das Wissen um Gott nicht leben könne. »Wohin ist Gott?... ich will es euch sagen! Wir haben ihn getötet... Wir alle sind seine Mörder! Aber wie haben wir dies gemacht? Wie vermochten wir das Meer auszutrinken? Wer gab uns den Schwamm, um den ganzen Horizont wegzuwischen?... Stürzen wir nicht fortwährend? Und rückwärts, vorwärts, nach allen Seiten? Gibt es noch ein Oben und ein Unten? Irren wir nicht wie durch ein unendliches Nichts? Haucht uns nicht der leere Raum an? Ist es nicht kälter geworden? Kommt nicht immerfort die Nacht und mehr Nacht? ... Mit welchem Wasser können wir uns reinigen? ... Ist nicht die Größe dieser Tat zu groß für uns?«[11] An die Stelle des Gottesglaubens soll für Nietzsche schließlich der Glaube des zukünftigen »Übermenschen« an sich selbst treten.

2.7 Der Atheismus im 20. Jahrhundert

In der Psychoanalyse Sigmund Freuds (1856–1939) wird der Glaube an Gott zur kollektiven Neurose, die der Gesellschaft hilft, das ungezähmte »Ich« des Menschen unter Kontrolle zu halten. Freud definiert die Religion als infantiles (= kindliches) Abwehrverhalten gegen die menschliche Unterlegenheit: Der Mensch habe die Naturkräfte personalisiert und zu schützenden Mächten erhoben. Somit helfen sie ihm in seiner Hilflosigkeit. Das zugrunde liegende Verhaltensmuster knüpfe an die frühkindliche Erfahrung des schützenden Vaters an.

Der neomarxistische Existentialismus der französischen Philosophen Jean-Paul Sartre (1905–1980) und Albert Camus (1913–1960) lehnt Gott ab, weil er die Freiheit des Menschen beschränke. Der Mensch sei zu Beginn »nichts« und entwerfe sich ständig selbst. Gott, der die menschliche Natur konzipiert hat, wäre demnach eine Beschränkung dieses konstitutiven Selbstentwurfs. Für Existentialisten ist der Mensch aber von Beginn an zur absoluten Freiheit verdammt.

Gesellschaftlich wirksam wird der Atheismus im 20. Jahrhundert durch den russischen (Lenin, 1870–1924) und chinesischen Sozialismus (Mao Zedong, 1893–1976), die auf einem strikten Materialismus aufbauen, in dem Gott keinen Platz hat. Im Namen des Atheismus werden dann Millionen von gläubigen Menschen in Umerziehungslagern »bearbeitet« oder getötet.

Einen wohl nur für Linguisten und formale Logiker nachzuvollziehenden Argumentationsfortschritt bietet die methodisch betriebene Sprachkritik (z. B. Bertrand Russell, Ludwig Wittgenstein). Hier wird die logische Begründung theologischer Termini generell infrage gestellt, da Worte ohne Bezug zur sinnlich fassbaren Welt (z. B. Seele, Gott) weitgehend sinnlos seien. Wenn sich zeigen lässt, dass die Gott zugeschriebenen Eigenschaften semantisch widersinnig oder logisch widersprüchlich sind, dann könne es demnach diesen Gott nicht geben, da logisch Unmögliches nicht wirklich sein könne. Natürlich setzt eine solche formallogische Schlussfolgerung voraus, dass die Eigenschaften Gottes bekannt sind und sich die übernatürliche Welt entsprechend irdischer Logik verhält.

In den 80er-Jahren des 20. Jahrhunderts wird der theoretische Atheismus zunehmend durch eine Welle esoterischer Religiosität verdrängt. Seit der Bedrohung durch fundamentalistischen Terror ab 2001 verstärkt sich die öffentliche Kritik an Religion wieder. Konzentrierte sich die Auseinandersetzung zuerst auf den gewalttätigen Islamismus, wenden sich zwischenzeitlich auch immer mehr Stimmen gegen jede Form von Religion, die im Widerspruch zu einem relativistischen Pluralismus steht. Dabei werden keine wirklich neuen Argumente vorgebracht. Die atheistische Kritik konzentriert sich auf die im Namen Gottes begangene Gewalt und die vermeintliche Überflüssigkeit Gottes angesichts einer alles erklärenden Naturwissenschaft.

III. Zwischen Atheismus und Agnostizismus

Atheist ist nicht gleich Atheist. Obwohl sich manche Menschen als Atheisten bezeichnen, wären sie bei genauerem Hinsehen wahrscheinlich eher Agnostiker oder Deisten. Deshalb hier eine kleine Begriffsklärung:

1. Atheismus: Der griechische Begriff *atheos* bezeichnet einen Menschen, der ohne Gott lebt bzw. Gott leugnet. Im Französischen wurde daraus *athéiste*, der Gottlose. Im Deutschen findet sich die Bezeichnung in dieser Bedeutung seit dem 16. Jahrhundert. Heute bezeichnet man mit Atheismus die bewusste, durch intellektuelle Reflexion begründete Leugnung der Existenz eines Gottes und der Möglichkeit, über sein Wesen, sein Verhältnis zur Welt und zum Menschen allgemeingültige Lehren aufzustellen. Zumeist wird alles Übernatürliche verneint und eine materialistische Weltdeutung vertreten. Atheisten meinen, rational einsichtige und überzeugende Argumente gegen die Existenz eines Gottes zu haben. Der Glaube an Gott ist für sie deshalb oft ein Zeichen für Dummheit, geistige Unfreiheit oder Wissenschaftsfeindschaft. Atheisten lehnen gewöhnlich auch den Gedanken an die Existenz einer Seele oder eines Lebens nach dem Tod ab.

2. Agnostizismus: Der Begriff setzt sich aus dem griechischen *a* (= »nicht«) und *gnostikos* (= »erkennend«) zusammen. Seit dem englischen Naturforscher Thomas Henry Huxley (1825–1895) werden Menschen als Agnostiker bezeichnet, die behaupten, nichts über Gott, das Jenseits und die ganze geistliche Welt wissen zu können. Ausgehend vom Neuen Testament sah Huxley in Gott ein total andersartiges, für den Verstand unzugängliches Wesen. Weil mit menschlichen Mitteln keine klaren Erkenntnisse über das Übernatürliche gewonnen werden können, sei es besser, auf jede Aussage zu diesem Teil der Wirklichkeit zu verzichten – wenn er denn überhaupt existiert. Ein Agnostiker ist sich also nicht sicher, ob es Gott gibt oder nicht.

Ähnlich argumentiert der **Nihilismus** (von lateinisch *nihil* = »nichts«). Für den Nihilisten ist es unmöglich, genaue Angaben über Gott, die Welt, den Sinn des Lebens oder verpflichtende Werte zu machen. Sicheres Wissen sei in keinem Bereich der Wirklichkeit möglich, weshalb aber auch die *Nicht*existenz Gottes ungewiss sei.

3. Indifferentismus: Der Begriff kommt aus dem Lateinischen und meint so viel wie »nicht unterschieden«, »keinen Unterschied machend«, »gleichgültig«. Damit werden in diesem Zusammenhang Menschen bezeichnet, denen Aussagen über Gott, die jenseitige Welt und die Seele gleichgültig sind. Aus diesem Desinteresse resultiert der Verzicht auf eine eigene Stellungnahme. Indifferentisten vertreten häufig die Auffassung, dass es sinnlos und überflüssig sei, sich mit Fragen nach Gott und dem Übernatürlichen zu beschäftigen, weil diese im realen Leben keine Relevanz haben. Diskussionen zu diesem Thema weichen sie gewöhnlich aus.

Fast deckungsgleich ist der von Rabbi Sherwin Wine (1928–2007) entwickelte Begriff **Ignostizismus**. Der Ignostizist meint, dass die Frage nach der Existenz oder Nichtexistenz eines Gottes weitgehend bedeutungslos sei, weil sie keine nachprüfbaren Konsequenzen habe.

4. Pantheismus: Der Begriff setzt sich aus den griechischen Begriffen *pan* (= »alles«, »gesamt-«) und *theos* (= »Gott«) zusammen und wurde zuerst von John Toland (1670–1722) benutzt. Inhaltlich finden sich ähnliche Überzeugungen aber auch schon bei den antiken Philosophen Xenophanes und Parmenides. Ein Pantheist glaubt, dass sich Gott in der ganzen Natur wiederfindet, dass Gott sozusagen in der Natur aufgeht.

Gott wird nicht als individuelle Person gesehen. Er ist überall in der Natur gegenwärtig. Man könnte sagen, das ganze materielle Universum ist Gott. Die Bahnen der Planeten sind genauso Äußerungen Gottes wie das Leben der Pflanzen und Tiere. Wer die Natur erforscht, lernt Gott kennen. Der **Pandeismus** wiederum geht von einem Gott als Schöpfer der Welt aus, der anschließend in seiner Schöpfung/Welt aufgegangen sei.

5. Panentheismus: Der von dem Philosophen Karl Christian Friedrich Krause (1781 1832) geprägte Begriff setzt sich aus den griechischen Begriffen *pan* (= »alles«, »gesamt«), *en* (= »in«) und *theos* (= »Gott«) zusammen. Damit sollte das Gottesbild Friedrich Wilhelm Joseph Schellings (1775–1854) und Georg Wilhelm Friedrich Hegels (1770–1831) beschrieben werden. Der Panentheist unterscheidet zwischen Gott und der Natur. Er glaubt, dass alles (die ganze Natur, das gesamte Universum) in Gott enthalten sei. Gott existiere auch jenseits seiner Schöpfung, sei aber in erster Linie nur in und durch die Welt und ihre Geschichte erkennbar. Gott handele in und durch die Entwicklung der Natur.

6. Deismus: Der Begriff leitet sich vom lateinischen *Deus* (= »Gott«) ab und wurde in Europa ab dem 16. Jahrhundert von Denkern wie Charles Blount (1654–1693) und John Toland (1670–1722) benutzt. Der Deist glaubt, dass die Welt und die Naturgesetze auf einen Schöpferakt Gottes zurückgehen. Dann aber habe sich Gott von seiner Schöpfung zurückgezogen und sie ihrer eigenen Entwicklung überlassen, die von den Naturgesetzen bestimmt werde. Weder greife Gott noch heute übernatürlich in das irdische Geschehen ein noch sei es für den Menschen möglich, mit diesem Gott in näheren Kontakt zu treten. Obwohl Gott demnach hinter der Natur steht, ist er für deren Erforschung weitgehend irrelevant. Andere Deisten (z. B. Herbert von Cherbury, 1583–1648; Hermann Samuel Reimarus, 1694–1768) sahen im Göttlichen lediglich ein kosmisches Prinzip. Übernatürliche Offenbarungen, Wunder oder Dogmen lehnten sie deshalb konsequent ab.

7. Theismus: Der Begriff wird auf das griechische *theos* (= »Gott«) zurückgeführt. Damit wollten sich die Religionsphilosophen des 17. Jahrhunderts vom Atheismus und vom Deismus abgrenzen. Der Theist glaubt an einen außerweltlichen, persönlichen und selbst-bewussten Gott als Schöpfer des Universums. Dieser Gott ist aktiv am Geschehen auf der Erde beteiligt und greift auch übernatürlich in die Welt ein (Wunder). Gott ist prinzipiell daran interessiert, sich per Offenbarung dem Menschen mitzuteilen. Der Kontakt zwischen Mensch und Gott überdauert auch den irdischen Tod.

8. Polytheismus: Der Begriff setzt sich aus den griechischen Wörtern *poly* (= »viel«) und *theos* (= »Gott«) zusammen. Der Polytheist glaubt an die Realität einer Vielzahl von Göttern und anderen übernatürlichen Wesen. Häufig werden Ahnen, Tiere, Naturkräfte, Planeten oder menschliche Eigenschaften vergöttlicht. Diese Götter sind in der irdisch wahrnehmbaren Welt erfahr- und darstellbar. Der Mensch verehrt mehrere Götter, weil diese für einen jeweils anderen Lebensbereich zuständig sind. Häufig werden die Götter nach Gruppen zusammengefasst: Die einen sind dem Menschen gegenüber eher wohlgesinnt, die anderen wollen ihm schaden, die einen sind für das Wetter verantwortlich, die anderen für die Vegetation, das Meer oder die Unterwelt usw.

9. Henotheismus: Der Begriff vereint die griechischen Wörter *heis* (= »einer«) und *theos* (= »Gott«). Der Sprachforscher und Indologe Friedrich Max Müller (1823–1900) will damit den Hinduismus charakterisieren. Der Henotheist glaubt an eine Vielzahl von Göttern, verehrt aber nur einen als den höchsten. Dieser Gott wird als mächtigstes oder vollkommenstes Wesen angesehen. Häufig vereint er in sich die wichtigsten Merkmale der anderen Götter. Die unterlegenen Götter werden auch in der Praxis weniger beachtet, aber nicht geleugnet.

Fast deckungsgleich wird von Theologen das Wort **Monolatrie** (von griechisch *monos* = »einzig« und *latreia* = »kultische Verehrung«) benutzt. Hier konzentriert man sich auf die Beschreibung und Verehrung eines Gottes, ohne die Existenz anderer Götter prinzipiell zu verneinen.

10. Monotheismus: Der Begriff besteht aus den griechischen Wörtern *monos* (= »einzig«) und *theos* (= »Gott«). Der Monotheist glaubt an einen persönlichen Gott als Schöpfer, Ordner und Erhalter der Welt. Dieser Gott setzt die ethischen Regeln fest und fordert letztendlich Verantwortung von jedem Menschen für dessen Verhalten. Gott teilt sich dem Menschen in übernatürlicher Weise mit und greift aktiv in das Weltgeschehen ein (Wunder). Er ist an einem Kontakt mit den Menschen interessiert, der auch über den Tod hinausgeht. Andere »Götter« haben keine Existenz an sich, sondern sind »Nichtse« (Psalm 96,5; Jesaja 2,18), die sich nur durch Negation und Abtrennung von dem eigentlichen Gott definieren. Im Allgemeinen werden Juden, Christen und Muslime als Monotheisten bezeichnet. Der Monotheismus ist die religiöse Konkretion der Philosophie des Theismus.

IV. |Typen des Atheismus

4.1 Der praktische Atheist

In Europa und Nordamerika gehören heutzutage die meisten
Menschen nominell und auch organisatorisch zu den christlichen Kirchen, glauben aber entweder nicht an die zentralen
Glaubensinhalte des Christentums oder richten zumindest ihr
Leben nicht danach aus. In ihrem Denken und in der Gestal-
tung ihres Lebens spielt Gott nahezu keine Rolle. Religiöse
Riten begleiten bestenfalls die großen Lebenseinschnitte oder
gehören zur akzeptierten Tradition. Zwei Drittel der deutschen
Kirchenmitglieder besuchen überhaupt nicht oder nur zu den
großen Festtagen den Gottesdienst. Der praktische Atheismus
wird nicht durch tiefe Argumente oder persönliche Erfahrungen
begründet. Manchmal würde sich der Betreffende nicht einmal
als Atheist bezeichnen, aber er lebt, ohne dass Gott für ihn
eine Rolle spielt. Manchmal steht dahinter Bequemlichkeit,
manchmal die Prägung eines Milieus oder einer Szene.

In ihrer religiösen Sozialisation wurde solchen Menschen
vermittelt, dass die Bibel lediglich als Sammlung frommer
Gedanken längst vergangener Jahrhunderte angesehen werden
kann, deren Relevanz für heute gegen null tendiert. Auf den
Schöpfer im eigentlichen Sinn könne man verzichten, Wunder
seien ein Produkt abergläubischer Phantasien der Spätantike,
Auferstehung und ewiges Leben seien nur symbolisch zu verstehen, von den ethischen Aussagen der Bibel gelte nur, was
heute noch plausibel klingt.

Angesichts dieser Prägung ist es kaum verwunderlich, dass
viele zu dem Schluss kommen: »Einen solchen Rest-Gott brauche ich zum Leben nicht!« Ein intellektuelles Gespräch über
die Existenz Gottes endet hier schon nach wenigen Sätzen im

Schweigen. Schnell wird darauf verwiesen, dass die Wissenschaft doch Gottes Nicht-Existenz bewiesen habe, dass die Philosophie eindeutig den Tod Gottes festgestellt habe und dass schließlich jeder aufgeklärte Mensch wisse, dass Gott von gestern sei. Die unbedarfte Frage, wie denn Wissenschaft und Philosophie den Tod Gottes nachgewiesen haben wollen, bleibt zumeist unbeantwortet. Schließlich gibt es derlei wissenschaftliche Beweise nicht und kann es auch gar nicht geben. Fehlt der Wissenschaft doch jedes Instrumentarium, Gott untersuchen zu können.

4.2 Der suchende bzw. zweifelnde Atheist

Vor allem in der Jugend, aber auch in Lebenskrisen oder nach außergewöhnlich beeindruckenden Erlebnissen beschäftigen sich viele Menschen mit dem Übernatürlichen und mit Gott. Auf der Suche nach grundsätzlicher Orientierung und Lebenssinn steht auch Gott zur Diskussion. Gerne würde der suchende Mensch Gewissheit haben, so oder so. Entweder könnte er seine Existenz auf die Aussagen Gottes bauen oder aber er könnte Gott ein für alle Mal beiseiteschieben und das Leben in eigener Regie gestalten. Doch die Unsicherheit, ob mit Gott gerechnet werden kann oder muss, drängt dazu, dieser Frage intensiver nachzugehen. Eigene Gefühle und Ahnungen, Erfahrungen anderer und intellektuelle Gottesbeweise lassen die Existenz eines höchsten Wesens zwar erahnen, den letzten Zweifel beseitigen sie aber nicht. Ein solcher Mensch hat die gute Chance, eine Antwort zu finden, wenn er sich über die geeignete Methode der Gottessuche und das real denkbare Ziel klar wird. Denn eine vollkommene Sicherheit ist in der Gottesfrage so wenig zu erlangen wie in der Liebe oder der Wahrheit.

4.3 Der leidende Atheist

Viele Menschen werden durch erfahrenes Leid, das sie nicht mit ihrer Vorstellung von Gott vereinbaren können, zu Atheisten. Plötzliche Arbeitslosigkeit, schwere Krankheit oder der Tod eines Angehörigen lassen genauso die Frage nach dem »Warum?« laut werden wie die Lektüre der Tageszeitung mit all ihren Katastrophen. Anscheinend sind immer wieder unschuldige Menschen betroffen oder zumindest Menschen, die nicht schuldiger scheinen als andere, die verschont blieben. Diese Erfahrungen sprechen gegen das verbreitete Bild von einem stets hilfreichen, liebevollen Gott. Oftmals wird die Existenz Gottes aber nicht nur aufgrund intellektueller Abwägung geleugnet, sondern aufgrund von Schmerz, Unverständnis und vielleicht auch aufgrund des Trotzes, sich an Gott für die zugelassenen Leiden mit Unglauben rächen zu wollen. Ändert sich die Lebenslage oder das Gottesbild oder findet man einen hinlänglich plausiblen Grund für das Leiden, wird von diesen Menschen der Einspruch gegen Gott auch wieder aufgehoben. Rationale Gründe gegen die Existenz Gottes hat ein leidender Atheist zumeist nicht, weil seine Gottesleugnung existenzielle und keine verstandesmäßigen Ursachen hat.

4.4 Der intellektuelle Atheist

Manchen reizt die intellektuelle Herausforderung. Solche Menschen werden durch Freunde, Studium oder Literatur mit der Frage nach Gott konfrontiert. Die Auseinandersetzung läuft vor allem im Kopf und in der Diskussion ab. Intellektuelle Atheisten haben Spaß daran, sich mit anderen auseinanderzusetzen. Auswirkungen auf den Alltag hat das Ergebnis ihrer Überlegungen selten. Manchmal diskutieren sie auch allein um der Diskussion willen oder um einen Gesprächspartner zu provozieren. Darüber hinaus engagieren sie sich aber kaum für den Atheismus. Sie sind durchaus bereit, gute Gründe für Gott zu akzeptieren und erkennen den begründeten Glauben anderer an. Die Existenz Gottes ist nicht ihr wichtigstes Thema. Manche intellektuelle Atheisten stehen dem Agnostizismus nahe und halten es für weitgehend unmöglich, eine sichere Aussage über die Existenz Gottes zu machen. In der Praxis leben sie nicht selten durchaus nach christlichen Moralvorstellungen.

4.5 Der kämpferische Atheist

Negative Erfahrungen mit der Kirche oder einzelnen ihrer Mitglieder sind häufig Ausgangspunkte eines kämpferischen Atheismus. Wer in seiner Jugend zum Kirchgang gezwungen oder von seinem Pfarrer geschlagen oder anderweitig negativ behandelt wurde, überträgt seinen Hass oder seine Enttäuschung häufig auch auf die Überzeugungen des Verantwortlichen. Man kämpft nicht eigentlich gegen Gott, sondern gegen Ungerechtigkeit, Heuchelei oder fehlende Annahme. Die Auseinandersetzung wird oft von Verbitterung und unterschwelliger Aggression gekennzeichnet, die offene Gespräche über Gott erschweren.

Ebenso kann die feste Bindung an eine Weltanschauung, die Gott ausschließt, Menschen zu engagierten Atheisten machen (z. B. Sozialismus, Materialismus, Hedonismus), insbesondere, wenn diese Weltanschauung einen großen Teil ihres beruflichen oder privaten Lebens bestimmt. Wer als Evolutionsbiologe Tag für Tag vor dem Hintergrund eines methodischen Atheismus arbeitet, überträgt diese fachspezifische Grundhaltung bald auch auf andere Bereiche des Lebens. Wer vom Sozialismus begeistert ist, muss Menschen, die an Gott glauben, für eine

Bedrohung halten, weil sie die Umsetzung der eigenen Ideale gefährden. Bei solch fundamentalistischen Atheisten steht die Meinung über Gott unerschütterlich fest. Sie beschäftigen sich nur noch mit Literatur, die ihre Sichtweise untermauert. Anders lautende Fakten und Beiträge werden weitgehend ignoriert oder als Angriff gewertet, der zurückgeschlagen werden muss. Echte Gespräche über Gott sind mit kämpferischen Atheisten meist nicht möglich.

Abb. 3: Richard Dawkins, Der Gotteswahn, Ullstein Verlag

V. | Richard Dawkins und der Gotteswahn

»Der Gotteswahn«[12] – weltweit haben sich bereits über eine Million Exemplare verkauft. Schon der Titel will provozieren: Im Grunde, suggeriert Richard Dawkins, leidet ein Mensch, der an Gott glaubt, unter einer Art Psychose, von der er dringend geheilt werden sollte.

5.1 Richard Dawkins – ein Porträt

Clinton Richard Dawkins wurde 1941 in Nairobi geboren. Sein Vater war Angehöriger der britischen Streitkräfte und wurde während des Zweiten Weltkriegs nach Kenia versetzt.

Die Familie kehrte 1949 nach England zurück, wo er an der Universität von Oxford Biologie studierte. Im Anschluss daran blieb Dawkins in Oxford, um bei dem Nobelpreisträger Nikolaas Tinbergen (Ethologie [Verhaltensforschung]) zu promovieren. Von 1967–1969 war er als Assistenzprofessor der Zoologie an der University of California in Berkeley tätig. Von 1970 bis 1995 war Dawkins Dozent für Zoologie am New College der Universität von Oxford. Seit 1997 ist er gewähltes Mitglied der *Royal Society of Literature* und seit 2001 auch gewähltes Mitglied der *Royal Society*. 1995 wurde er *Charles Simonyi Professor of the Public Understanding of Science* am Museum für Naturgeschichte der Oxford University. Der ungarischstämmige Simonyi lebt heute als äußerst erfolgreicher Softwareentwickler in den USA und betrachtet sich als Anhänger Dawkins'. Für die Einrichtung der Professur spendete der Milliardär 1,5 Mio. Pfund. Bei der Neubesetzung dieser Stelle will sich Dawkins 2008 aus Altersgründen zurückziehen.

Dawkins ist bekennender Atheist und ein bekanntes Mitglied der *Brights*-Bewegung, einem Zusammenschluss von Künstlern und Wissenschaftlern zur Verbreitung des Atheismus: »Ein Bright ist eine Person mit einem naturalistischen Weltbild, frei von Übernatürlichem. Wir Brights glauben nicht an Geister, Elfen oder den Osterhasen oder an Gott.«[13] Dawkins ist ferner Mitglied der britischen *Skeptics Society* sowie verschiedener anderer Organisationen zur Förderung von humanistischem und atheistischem Gedankengut sowie einer stärkeren Säkularisierung des britischen Staates. Die *Atheist Alliance International* (Internationaler Atheisten-Verband) vergibt seit 2003 den Richard-Dawkins-Preis für atheistisches Engagement in der Öffentlichkeit.

In seinen *Veröffentlichungen* stellt Dawkins die Evolution als grundlegenden Mechanismus der biologischen und kulturellen Entwicklung dar: *The Selfish Gene* (1976; dt. »Das egoistische Gen«*); The Extended Phenotype* (1982/1999); *The Blind Watchmaker. Why the Evidence of Evolution Reveals a Universe Without Design* (1986; dt. »Der blinde Uhrmacher«); *River out of Eden. A Darwinian View of Life* (1995; dt. »Und es entsprang ein Fluss in Eden«); *Climbing Mount Improbable* (1996; dt. »Gipfel des Unwahrscheinlichen. Wunder der Evolution«); *Unweaving the Rainbow. Science, Delusion and the Appetite for Wonder* (1998; »Der entzauberte Regenbogen«); *A Devil's Chaplain* (2003); *The Ancestor's Tale. A Pilgrimage to the Dawn of Evolution* (2004); *The God Delusion* (2006; dt. »Der Gotteswahn«).

5.2 Dawkins' Argumentationsstil

Dawkins gibt sich in seinem Buch »Der Gotteswahn« keine Mühe, objektiv zu argumentieren. Religiöse Gegner, selbst anerkannte Wissenschaftler, werden diffamiert, Gläubige werden polemisch als dumm oder sogar böswillig hingestellt. Über Gott meint er, sich lustig machen zu können: »Der Gott des Alten Testaments ist die unangenehmste Gestalt in der gesamten Literatur: Er ist eifersüchtig und auch noch stolz darauf; ein kleinlicher, ungerechter, nachtragender Überwachungsfanatiker; ein rachsüchtiger, blutrünstiger, ethnischer Säuberer; ein frauenfeindlicher, homophober, rassistischer, Kinder und Völker mordender, ekliger, größenwahnsinniger, sadomasochistischer, launisch-boshafter Tyrann.« (S. 45) Und weil seine religiösen Gegner so gefährlich sein sollen, scheint gegen sie jedes Mittel zulässig zu sein. Religion ist für Dawkins Aberglaube (S. 97), sie wirke wie ein krankmachender Virus (S. 260). Der Glaube an Gott sei eine Fehlfunktion der Evolution (S. 261), die bei Menschen ähnlich berauschend wirke wie Alkohol (S. 231). Thomas von Aquin schlussfolgert in seinem Gottesbeweis, dass alle irdischen Bewegungen einen Ursprung haben und folglich Gott der erste ultimative Beweger sei. Entsprechend argumentiert Dawkins: Aller irdischer Gestank habe einen Ursprung und insofern könne Gott als »überragender Stinker« bezeichnet werden (S. 111). Dawkins spricht von »alberner Sabbatvorschrift« (S. 329) und »verlogenen Kreationisten« (S. 254). Überzeugte Christen sind für Dawkins gemeingefährliche Fundamentalisten, vergleichbar mit massenmordenden Fanatikern (S. 60; 64; 254; 398f.). Atheismus geht für Dawkins einher mit »höherer Bildung, Intelligenz oder Nachdenklichkeit« (S. 318).

Fußnoten und konkrete wissenschaftliche Informationen sucht man im »Gotteswahn« vergeblich. Die im Text zitierten Bücher sind äußerst selektiv und werden meist nur ganz allgemein genannt. Die angeführten Daten erscheinen eher wie ein Sammelsurium atheistischer Standard-Argumentationen. Im Literaturverzeichnis sind qualifizierte philosophische, religionswissenschaftliche oder theologische Fachbücher Mangelware, vor allem solche, die von nicht-atheistischen Autoren verfasst wurden. Am ausführlichsten verweist Dawkins auf seine eigenen Bücher (S. 539). Unter den Adressen, die Dawkins zur weiteren Information für den interessierten Leser angefügt hat, sucht man Hinweise auf religiöse, theistische oder auch nur anerkannte philosophische Organisationen und Persönlichkeiten vergeblich (S. 535f.). Spätestens hier wird deutlich, dass Dawkins, der vehement gegen die vorgebliche Einseitigkeit und Unsachlichkeit religiöser Vertreter protestiert, selber als Ideologe für den Atheismus agitiert. Es geht dem »Wissenschaftler« Dawkins nicht um den Austausch von Argumenten. Er bemüht sich nicht einmal, die Positionen seiner Gegner ernsthaft darzustellen. Er will, wie er selbst angibt, für eine Ideologie werben: den Atheismus. Wer den »Gotteswahn« liest, bekommt nicht das Gefühl, Dawkins wolle seine Gegner überzeugen – er will sie fertigmachen.

Dawkins' Zielpublikum sind auch nicht die Religiösen, die er bedenkenlos vor den Kopf stößt. Wie Alister McGrath zu Recht feststellt, schreibt Dawkins vor allem für verunsicherte Atheisten, deren Selbstbewusstsein er zu stärken versucht.[14] Darüber hinaus aber will er Unentschiedene vom Atheismus überzeugen. Dazu gehören Agnostiker, die die Frage nach der Existenz Gottes lieber offen lassen, Naturwissenschaftler, die darauf beharren, dass die Wissenschaft keine Aussagen über die Existenz Gottes machen kann (S. 76-88), und Zeitgenossen, die vor allem wegen der christlichen Kultur (Gemälde, Literatur, Musik) und den kirchlichen Traditionen (Taufe, Hochzeit, Gottesdienst, Moral) am Glauben hängen (S. 345). Den einen wirft er Inkonsequenz vor, den anderen empfiehlt er den schönen religiösen Rahmen zu behalten, auf Gott aber zu verzichten. Es geht nicht darum, neutral Fakten abzuwägen, es geht darum, zu bekehren, »zum Atheismus zu bekehren« (S. 16).

Am besten ist Dawkins, wo er sich mit Gottesbeweisen aus-
einandersetzt (S. 108-129). Methodisch problematisch ist
natürlich, dass er sich ausschließlich mit christlichen Gottesbeweisen beschäftigt und die Argumente anderer Religionen
nahezu gänzlich ignoriert. Wie auch immer: durchaus nach-
denklich stimmt seine Kritik an den klassischen Gottesbeweisen Thomas von Aquins (S. 108f.; vgl. die Darstellung der
Gottesbeweise S. 59ff.). Neu ist diese Kritik allerdings nicht.
Eigentlich wiederholt Dawkins nur, was Immanuel Kant schon
vor mehr als 200 Jahren in seiner wesentlich detaillierteren
»Kritik der reinen Vernunft« zu Papier brachte, wobei Dawkins
Thomas von Aquin insofern Unrecht tut, indem er seine Gedanken aus dem Zusammenhang seiner Zeit und seiner Denkvoraussetzungen reißt.

Mit einer gewissen Häme weist Dawkins auf das missglückte
Gebetsexperiment hin, das auf Initiative der Physikers Russell
Stannard bis 2006 durchgeführt wurde (S. 89ff.). Diese durchaus ernsthafte Studie ergab bei Patienten, für die gebetet
wurde, keine erkennbar bessere Heilung. Doch spricht dieses
Ergebnis nicht, wie Dawkins meint, gegen die Existenz Gottes. Es zeigt lediglich, dass Gebete keine magische Wirkung
haben. Das behaupten gläubige Menschen in der Regel aber
auch nicht. Immerhin sehen sie Gott als souveränes Wesen an,
das eigenständig entscheidet, wo es ein Wunder tun will und
wo nicht. Schließlich heilt nach christlicher Auffassung nicht
das Gebet, sondern Gott. Über die Existenz Gottes sagt dieses
Experiment jedoch nichts aus. Wenn die Bitte eines Teenies
nach Taschengelderhöhung nicht erhört wird, sagt das ja auch
nichts über die Existenz der Eltern aus.

Zu Recht verweist Dawkins darauf, dass Bewahrungen in
Unfällen oder die gefühlte Gewissheit der Nähe Gottes als
subjektive Erfahrungen nur schwer als Gottesbeweise verallge-

meinerbar sind (S. 75f.; 122f.). Durchaus humoristisch stellt er fest, dass man auch einfach die Existenz eines »fliegenden Spaghettimonsters« behaupten könne, das sich dem Menschen in persönlichen Erfahrungen mitteile. Dawkins schlussfolgert, da es das behauptete Monster offensichtlich nicht gebe, existiere auch Gott nicht. Dabei übersieht er geflissentlich, dass »Spaghettimonster« an dieser Stelle nur ein anderer Name für »Gott« ist und dass ein hypothetisches Spaghettimonster nicht schon deshalb als nichtexistierend angesehen werden darf, weil es absurd klingt (auch die Existenz von *Quarks* klang bis vor wenigen Jahrzehnten für die meisten Menschen vollkommen unsinnig). Folglich könnten übernatürliche Erfahrungen tatsächlich auf die Existenz eines übernatürlichen Wesens hinweisen, ganz gleich ob man es dann »Gott« oder »Spaghettimonster« nennt – sofern die Betroffenen nicht betrügen, sondern von wirklichen übernatürlichen Erfahrungen berichten. Untersucht werden müsste natürlich die Glaubwürdigkeit der behaupteten göttlichen Mitteilung.

Wunder lässt Dawkins als Hinweis auf Gott nicht gelten, weil sie den allgemeinen Naturgesetzen widersprechen und weil sie die Existenz Gottes oder zumindest die Realität eines übernatürlichen immateriellen Bereichs der Wirklichkeit nahelegen würden. Eher nimmt Dawkins an, dass so genannte Wunder auf Irrtum, Täuschung oder Halluzinationen zurückgehen. Wunder, die nur von einzelnen Menschen berichtet werden, tut er als Illusion oder Betrug ab. Schwieriger wird es für Dawkins bei Wundern wie den seltsamen Erscheinungen von Fatima (»Sonnenwunder« 1917), die von 70 000 Menschen bezeugt wurden. Er hält es in diesem Zusammenhang für viel wahrscheinlicher, dass sich eine Art Massen-Halluzination ereignet hat, als dass ein Naturgesetz außer Kraft gesetzt worden wäre (S. 128f.). Hier stellt sich natürlich die Frage, wie denn etwas Übernatürliches plausibel gemacht werden kann, wenn jeder Hinweis entweder auf die Naturgesetze zurückgeführt oder als Wahrnehmungstäuschung interpretiert wird. Anscheinend ohne es zu merken verstrickt Dawkins sich in einen logischen Zirkelschluss: »Gott gibt es nicht, also gelten die Naturgesetze absolut. Wenn etwas geschieht, das den Naturgesetzen nicht entspricht, muss ein Betrug vorliegen. Weil nichts geschieht, das den Naturgesetzen widerspricht, kann es Gott nicht geben.« Wer allerdings alle Gegenbelege schon deshalb nicht zu akzeptieren bereit ist, weil sie seinem Weltbild widersprechen, kann durch nichts mehr infrage gestellt werden. In diesem Fall liegt aber auch kein wissenschaftliches Weltbild mehr vor, sondern eine Ideologie.

Trotz unsachlicher und teilweise polemischer Formulierungen sollten überzeugte Christen aus Dawkins' Kritik lernen, nicht zu schnell »sichere Beweise« für die Existenz Gottes vorlegen zu wollen oder zu behaupten: »Wer denkt, muss glauben«. So einfach ist die intellektuelle Beschäftigung mit Gott und Glauben dann doch nicht.[15]

Zum anderen ist aber auch niemand gezwungen, Dawkins' Argumentation zu folgen. So ist es beispielsweise wenig plausibel, wenn er persönliche Erlebnisse mit Gott generell als Täuschungen oder schlicht als Betrug abtut (S. 122-126). Für neutrale Beobachter ist auch nicht nachvollziehbar, wenn Dawkins gut dokumentierte Wunder einfach ignoriert oder vorschnell als Irrtum ablehnt, nur weil sie sich nicht in sein Weltbild integrieren lassen.

5.4 Gott und die Naturwissenschaften

»Gott ist ein Feind der Wissenschaft!«, zumindest aber sein irdisches Personal. Mit diesem Satz ließe sich Dawkins' Auffassung vom Verhältnis zwischen Glauben und Wissenschaft zusammenfassen (S. 391f.; 408f.). Auch hier stützt Dawkins sich, wie in vielen Teilen seines Buches, auf die abendländische Geschichte und »vergisst« geflissentlich die astronomischen Berechnungen in den hochreligiösen Kulturen Mesopotamiens und Ägyptens (ca. 2500–1500 v. Chr.), das Blühen der Wissenschaft im buddhistisch-konfuzianistischen China (ca. 600 v. Chr.–200 n. Chr. und 950–1100 n. Chr.), die Spitzenforschung islamischer Gelehrter im Hochmittelalter (ca. 800–1300 n. Chr.) usw.[16] Doch selbst bei einer Beschränkung auf Europa ist die Bilanz keinesfalls so einseitig, wie Dawkins glauben machen will. Zwar standen die christlichen Staaten des Frühmittelalters wissenschaftlicher Forschung eher distanziert gegenüber, das lag aber weniger an ihrem Glauben als daran, dass es dringendere Probleme zu lösen gab (z. B. militärisches Überleben) und an der bäuerlichen Kultur der Germanen. Spätestens ab dem Hochmittelalter bis in die allerjüngste Zeit war die Kirche maßgeblicher Förderer der Wissenschaft, insbesondere in den Klöstern. Universitäten wurden von der Kirche gegründet, Sternenobservatorien eingerichtet, Bibliotheken unterhalten, technische und landwirtschaftliche Innovationen (z. B. Züchtungen, Kreuzgewölbe, Mühlen, Drei-Felder-Wirtschaft) wurden entwickelt und verbreitet. Im Großen und Ganzen behinderten die Kirchen Wissenschaft nicht stärker als säkulare Organisationen heute, die überwiegend Projekte fördern, die der political correctness und gesellschaftlichen Moden entsprechen und Arbeiten marginalisiert, die dem gerade dominierenden Mainstream entgegenstehen. Man kann schlecht die Kirchen dafür verantwortlich machen, dass vor 300 Jahren noch niemand wusste, was heute bekannt ist. Genauso dürften aber auch manche heute mit Pathos verteidigten »Erkenntnisse« gegenwärtiger Wissenschaft in weiteren 300 Jahren als unterhaltsame Anekdoten gelten.

5.5 Gott und die Wissenschaftler

Dawkins kritisiert Christen, die sich zur Bestätigung ihres Glaubens auf bedeutende gläubige Künstler und Wissenschaftler der Vergangenheit berufen. Er behauptet, diese wären nur deshalb fromm gewesen, weil ihre Arbeitgeber das von ihnen erwarteten oder weil es im damaligen Zeitgeist lag (S. 138). Dann allerdings sucht Dawkins selbst nach historischen Helden des Atheismus und findet sie unter anderem bei den Gründervätern der USA (S. 60). Wenig später argumentiert Dawkins, der Atheismus sei zutreffend, weil heute eine Mehrzahl von Spitzenwissenschaftlern Gott ablehnt (S. 139f.; 145f.). Dabei scheint er zu vergessen, dass auch dieser Sachverhalt wohl weniger auf die intellektuellen Kapazitäten der betreffenden Wissenschaftler zurückzuführen ist als vielmehr auf den momentan herrschenden Zeitgeist an westlichen Universitäten und Forschungseinrichtungen und dass auch hier eher Kollegen mit gleicher Gesinnung gefördert werden.

Allen bedeutenden Naturwissenschaftlern der Vergangenheit, die sich als überzeugte Christen betrachteten, versucht Dawkins am Zeug zu flicken (S. 138-142).[17] Isaac Newton hätte nur behauptet, Christ zu sein, um dem damaligen religiös-gesellschaftlichen Druck zu begegnen. Dabei wird übergangen, dass Newton nicht nur Lippenbekenntnisse ablegte, um andere zufriedenzustellen, sondern mindestens ebenso viel in seine theologischen Arbeiten investierte wie in seine naturwissenschaftlichen Forschungen. In einem erst vor wenigen Jahren erschlossenen Teil seines Nachlasses äußert Newton sogar, seine bahnbrechenden Konzepte zur Physik entstammten der Beschäftigung mit der Bibel und der Suche nach einer adäquaten Auslegung der Offenbarung.[18] Diese Sichtweise hob Newton zu Lebzeiten nicht besonders hervor, vielleicht um von seinen nicht-religiösen Zeitgenossen ernstgenommen zu werden. Dem bedeutenden gläubigen Physiker Michael Faraday wird von Dawkins unterstellt, Mitglied einer Sekte gewesen zu sein. William Thomson Lord Kelvin wird vorgeworfen, dass manche seiner wissenschaftlichen Ansichten durch spätere Forschungen in Zweifel gezogen wurden, als ob dass nicht fort-während mit den Thesen gläubiger wie nichtgläubiger Wissen-schaftler geschieht, weil eben Naturwissenschaft schon aus erkenntnistheoretischen Gründen keine ewig feststehenden Wahrheiten formulieren kann. Dem Genetiker Gregor Mendel wird unterstellt, er sei nur Mönch geworden, um, von der Kirche finanziert, seinen Forschungen nachgehen zu können. In der Biographie Mendels finden sich allerdings keine Hinweise auf eine nur instrumentalisierte Frömmigkeit. Doch kann Dawkins es sich offensichtlich nicht vorstellen, dass intellektuell he-rausragende Wissenschaftler gleichzeitig überzeugte Christen sein können. Wenn sie doch als solche auftraten, müssen sie seiner Logik zufolge entweder Heuchler gewesen sein oder Spinner, die sich aus persönlichen Gründen von einer Sekte haben einwickeln lassen. Einmal mehr zeigt sich hier Dawkins' ideologischer Zirkelschluss. Seine Interpretation der Welt ist wahr, alles was sich nicht damit erklären lässt, muss auf be-absichtigter oder unbeabsichtigter Täuschung beruhen.

Naturwissenschaftlern, die heute die Frage nach der Exis-tenz Gottes von der Evolution abkoppeln wollen, unterstellt Dawkins die Absicht, sich lediglich Kirchenvertretern und re-ligiösen Politikern anbiedern zu wollen. Er selbst hingegen ist davon überzeugt, dass die Evolutionstheorie auch über das Schicksal der Religion zu entscheiden habe (S. 96).

Die österreichische Tageszeitung »Die Presse« kam in ih-rer Befragung zu einem Ergebnis, das Dawkins nicht gefallen würde.[19] Der Leiter der Abteilung für Medizinische Genetik an der Medizinischen Universität Wien, Markus Hengstschlä-ger, etwa sagt, Glaube brauche keine Beweise: »Die Religion kann und soll man nicht naturwissenschaftlich ergründen«. Unter den österreichischen Physikern fänden sich zahlreiche Religiöse, so die Zeitung. »Hier erzählen nicht nur viele über gläubige Kollegen, etliche bekennen sich auch selbst.« Dazu zählt beispielsweise Walter Thirring, Dekan der Theoretischen Physik, der Lutheraner ist. Für den Mathematiker Erich Peter Klement von der Universität Linz sind Naturwissenschaft und Religion »Ergänzung und nicht Widerspruch«: »Als Zeugen nenne ich den genialen Mathematiker Kurt Gödel. Mit seinem Unvollständigkeitssatz hat er sehr deutlich die Grenzen der Naturwissenschaft aufgezeigt, sodass auf die letzten Fragen des menschlichen Seins nur mehr die Religion eine Antwort zu geben vermag.« Ähnlich sieht es Gottfried Magerl, Professor für Nachrichtentechnik an der Technischen Universität Wien: »Die Religion beantwortet die Frage nach dem Sinn des Lebens, nach dem Wahren und dem Guten – die Naturwissenschaft befasst sich mit dem Verständnis der materiellen Welt. Die Schwierigkeiten vieler Naturwissenschaftler mit der Religion mögen auch daher rühren, dass sie sich... mit der Erkenntnis der materiellen Welt zufrieden geben.« Der Zoologe Kurt Kotrschal zweifelt an der Seriosität seines britischen Kollegen (Dawkins): »Kein Naturwissenschaftler, der seine Sinne beieinander hat, benutzt seine Wissenschaft, um zu belegen, dass es Gott gibt oder nicht. In der Wissenschaft geht es um testbare Hypothesen, die Existenz Gottes ist keine testbare Hypothese.« Der Oxforder Molekularbiologe und Kirchenhistoriker Alister McGrath kritisiert in seinem Buch »The Dawkins Delusion« (2007, deutsch: »Der Atheismus-Wahn«) unter anderem das ungenaue Zitieren Dawkins' und dessen blinden Wissenschaftsglauben.

5.6 Gott und die Evolution

In Dawkins' Diskussion zwischen Evolutionstheorie und Kreationismus findet sich nur wenig Neues. Dawkins erwähnt einige der altbekannten Probleme des Darwinismus (z. B. die Entstehung der ersten Zelle, die Entwicklung komplexer Organe), ohne allerdings wirklich einsichtige Lösungen zu bieten. Letztlich läuft es auf die Behauptung hinaus, dass alles, was auf den ersten Blick unmöglich erscheint, durch eine nahezu unendliche Zeit oder eine immense Zahl von Versuchen (sehr viele Planeten, sehr viele Individuen) irgendwann doch geschieht. Das aber muss letztlich geglaubt werden, da die Entstehung komplexer Organismen natürlich in den vergangenen Jahrhunderten wissenschaftlichen Forschens nicht beobachtet werden konnte (S. 169ff.).

Die Hauptargumentationslinie im »Gotteswahn« verläuft folgendermaßen: »Die Evolution erklärt alles: Geschichte, Psychologie, Religion, Kultur usw. Der Glaube an Gott war in der Vergangenheit ein evolutionärer Vorteil. Da sich Gott aber bisher mit wissenschaftlichen Mitteln nicht nachweisen ließ, existiert er nicht.«

In seinem ersten Buch »Das egoistische Gen« prägte Dawkins den Begriff des »Mems«: Es gibt nicht nur Gene, sondern auch »Meme« (von engl. *memory*, »Gedächtnis«). Meme sind Ideen, Gedanken, Moden, Schlagworte, die von Kopf zu Kopf springen, sich in Gehirne einnisten und dort um einen Platz kämpfen. Meme verbreiten sich durch Mutation und Selektion genauso wie Gene. Aus dieser Perspektive hegen nicht wir die Gedanken, sondern umgekehrt: Die Gedanken erobern uns. Manche Meme sind bei diesem neuronalen Eroberungsfeldzug besonders erfolgreich: der Gedanke etwa, dass es nach unserem Leben noch ein zweites Leben gibt, oder die Vorstellung eines autoritativen Gottes.[20] Während die Körper der Individuen nach ihrem irdischen Leben zerfallen, bleiben lediglich die genetische Information und die »Meme« (S. 267-283).

Nach Dawkins' Interpretation ist Gott das ungewollte Nebenprodukt dieser psychischen Evolution. Kinder sind zahlreichen Gefahren ausgesetzt, die sie noch nicht selbst einzuschätzen wissen: Sie ertrinken, stürzen ab, werden gefressen, ehe sie mit der Situation umgehen lernen. Einen Überlebensvorteil haben die Kinder, die ihren Eltern bedingungslos gehorchen, wenn sie zu ihrem eigenen Schutz Verbote aussprechen. Diese positive kindliche Eigenschaft, Aussagen unhinterfragt zu akzeptieren, soll dazu geführt haben, dass auch die lediglich behaupteten magischen Zusammenhänge fraglos geglaubt wurden. »Aber die Kehrseite des vertrauensvollen Gehorsams ist sklavische Leichtgläubigkeit. Das unvermeidliche Nebenprodukt ist die Anfälligkeit für Infektionen mit geistigen Viren« (S. 239ff.). So soll Religion entstanden sein. Doch scheint Dawkins übersehen zu haben, dass hier nichts erklärt, geschweige denn bewiesen wird. Er stellt lediglich spekulative Behauptungen auf, die, vorsichtig gesagt, nicht ganz unumstritten sind. Zum einen führen Leicht- und Autoritätsgläubigkeit nicht automatisch zum Glauben an Gott, sonst wären wohl alle einfältigen Menschen religiös. Zum anderen bliebe die Frage nach der Entstehung der Religion weiterhin offen. Religion müsste es demnach schon immer gegeben haben, sonst könnten die Menschen ja nicht daran glauben. Letztlich wird hier nicht versucht die Religion bzw. deren Ursprung zu erklären, sondern nur deren Gebrauch bzw. Missbrauch. Leichtgläubigkeit, wenn sie evolutionär bedingt wäre, hat darüber hinaus erst einmal nichts mit der Existenz Gottes zu tun. Heutzutage findet sich auch leichtgläubige Akzeptanz politischer Parolen, vorläufiger wissenschaftlicher Erkenntnisse oder auch eines bequemen Alltags-Atheismus, ohne dass dadurch die Wahrheit oder Unwahrheit dieser Aussagen erwiesen wäre.

Sollte Religion wirklich als Nebenprodukt kindlichen Vertrauens entstanden sein, müsste Dawkins erklären, warum nur beim Menschen sich der Gedanke an Gott einstellte, wenn doch auch die Nachkommen anderer Säugetiere ihren Eltern »vertrauensvoll gehorchten«.

Der US-amerikanische Anthropologe Scott Atran kritisiert vor allem den Begriff des »Mems« im Kontext der Religion. Dawkins sei in den Bereichen Gehirnfunktion und Gehirnstruktur unzureichend informiert. Weil er eben diese Schwächen ausmacht, stellt Atran Dawkins' Analogie des Mems mit einem Gen generell infrage.

Das Mem ist eine interessante Theorie, über die diskutiert werden kann, ein Beweis für die Nichtexistenz Gottes ist es nicht. Nebenbei sollte darauf hingewiesen werden, dass Dawkins' Thesen auch von zahlreichen Evolutionsbiologen nicht geteilt werden.[21]

5.7 Gott und die Religionen

»Ich bin ein Gegner der Religion. Sie lehrt uns, damit zufrieden zu sein, dass wir die Welt nicht verstehen.« So lässt sich ein Zitat Dawkins' auf dem Cover der deutschen Ausgabe des »Gotteswahns« lesen. Dawkins meint an dieser Stelle wohl eher, »dass wir die Welt nicht verstehen, wie er sie versteht«. Zuerst müsste nämlich geklärt werden, wie denn die Welt wirklich ist, ehe beurteilt werden kann, wer sie richtig versteht oder ob Religion den Menschen dazu verleitet, die Welt nicht zu verstehen.

Dawkins kritisiert, dass sich manche Menschen gerne mit dem gegenwärtigen Stand ihres Wissens zufriedengeben. Dabei handelt es sich bei der geistigen Trägheit um ein allgemein menschliches Phänomen, das insbesondere Menschen höheren Alters zu befallen droht – trotz deren wissenschaftlicher Bildung –, so zumindest der US-amerikanische Wissenschaftstheoretiker Thomas Kuhn.[22] Mit dem Einfluss von Religion hat das wohl herzlich wenig zu tun. Das größte Hindernis der Wissenschaft heute ist nicht die Religion, die nach Dawkins sowieso kaum noch Einfluss in Wissenschaftskreisen hat, sondern es sind die Wissenschaftler selbst, die an eigenen Lieblingsideen kleben, ihren eigenen materiellen Vorteil suchen oder sehr bestrebt sind, ihr eigenes Prestige auszubauen. Manchmal suchen sie aus Sachzwängen auch nur die Ergebnisse, die ihr Auftraggeber gerne hören will.[23]

Die Tatsache, dass die Menschen zu allen Zeiten und in allen Kulturen von der Existenz eines Gottes überzeugt waren, führt Dawkins erwartungsgemäß auf die Evolution zurück. So stellt Dawkins fest, dass alle Menschen von Natur aus dualistisch denken, d. h. von der Existenz einer Seele, des Geistes, der Persönlichkeit, des Übernatürlichen ausgehen. Auch er selbst empfinde so. Aber kraft des Verstandes könne man sich davon zumindest ein Stück weit frei machen und Monist werden, der weiß, dass es nur eine Realität gibt, die materielle – wenn denn ein »Ich« existiert, das wissen kann. Der Geist ist für Dawkins nur noch eine Ausdrucksform der Materie, die Seele nur eine Körperfunktion. Warum ein Mensch aber dieser monistischen Wirklichkeitsdeutung unbedingt vertrauen sollte, wenn sein angeborenes Wissen und seine Alltagserfahrung ihm etwas anderes sagen, bleibt unklar (S. 250-253).

Dawkins äußert später die Auffassung, Religion könne »ein Nebenprodukt der irrationalen Mechanismen sein, die ursprünglich von der natürlichen Selektion ins Gehirn eingepflanzt wurden, damit wir uns verlieben. Religiöser Glaube hat sicher einige Gemeinsamkeiten mit dem Zustand der Verliebtheit (und beide ähneln in vielerlei Hinsicht dem von einem Suchtmittel erzeugten Rauschzustand)« (S. 259). »Das durch Fehlfunktion entstandene Nebenprodukt... ist die Liebe zu Jahwe... mit allen dadurch motivierten irrationalen Handlungen.« (S. 261)

Obwohl Dawkins den Eindruck erwecken will, auf streng logischer Ebene zu argumentieren, entwirft er vor allem wissenschaftliche Mythen zur Stützung einer materialistischen Weltanschauung. Denn seine Spekulationen über die möglichen evolutionären Vorteile der Religion bzw. die Interpretation von Religion als fehlgeleitetes Nebenprodukt eines stammesgeschichtlich sinnvollen Vertrauens in die Eltern, sind eben nichts als Spekulation – der Versuch, mit einem philosophischen Deutungsmuster (Paradigma) alle Bereiche der Wirklichkeit zu vereinnahmen (vgl. S. 263f.).

Der Nichtreligiöse ist moralisch gesehen oft der bessere Mensch, lautet eine weitere These Dawkins'. Zumindest will er ausschließen, dass religiöse Menschen moralischer seien. Auf eine differenzierte Beurteilung der Religionen verzichtet Dawkins bewusst. Keine Rede von Nächstenliebe, Bildungsarbeit, Friedensappellen usw. Stattdessen werden Christen, Muslime und auch Vertreter anderer Religionen in schwärzesten Farben gemalt. Religionen unterdrücken Menschen, insbesondere Frauen. Religionen sind verantwortlich für ausufernde Gewalt und Korruption. Religionen bekämpfen die freie Meinungsäußerung, diskriminieren Atheisten und Andersgläubige und haben es dabei auf die eigene Bereicherung abgesehen. Vor allem aber sind die Religionen Feinde der Vernunft und der Wissenschaft (S. 391f.; 408f.). Mit diesen Vorurteilen, die er im Laufe seines Buches unbeabsichtigt selbst widerlegt, entspricht er dem Klientel seiner Stammleser – eingefleischten Atheisten.

Ohne Religion gäbe es »keine Selbstmordattentäter, keinen 11. September, ... keine Kreuzzüge ...« (S. 12). Erwartungsgemäß finden sich dann natürlich noch Hinweise auf Hexenverfolgung und Inquisition. Dabei wird zumeist vollkommen vergessen, die historische Korrektheit der Angaben zu überprüfen. Schnell wird unterschlagen, dass Menschen zu allen Zeiten für ihre persönlichen und politischen Interessen Gewalt eingesetzt haben. Wenn sich dann gerade eine Ideologie zur Rechtfertigung anbot, hat man diese gerne benutzt, egal ob sie passte oder nicht. Außerdem kämpften die Kreuzfahrer gegen eine reale politische Bedrohung und nicht in erster Linie für ihr Seelenheil. Wenn die Zahl der Opfer über die Wahrheit einer Aussage entscheidet, dann schnitte der Atheismus allerdings weit schlechter ab als irgendeine Religion. Denn wurden in mehr als 400 Jahren Hexenverfolgung »nur« etwa 50 000 Hexen und Zauberer ermordet[24], brachten es Stalin (Sowjetunion) oder Mao (China) in nur wenigen Jahrzehnten auf rund 100 Millionen menschliche Opfer. Im aufgeklärten 20. Jahrhundert wurden die weitaus meisten Menschen rein atheistisch gequält und getötet, vollkommen ohne jedes religiöse Motiv. Die Opfer religiösen Wahnsinns hingegen belaufen sich im 20. Jahrhundert lediglich auf einige Tausend. Natürlich sind auch die zu viel. Bei neutraler Prüfung kann die Behauptung, religiöse Menschen seien grausamer als Atheisten, aber nicht aufrechterhalten werden. Eher gilt das Gegenteil. Doch selbst wenn die Gottgläubigen dieser Welt allesamt grausame Monster wären: Was würde das über die Existenz Gottes aussagen? Gar nichts! Ohne Probleme ließe sich beispielsweise ein Gott vorstellen, der Freude an diesem Morden hat, oder einer, der sich sagt, dass sich die Menschen ihr Unglück selbst eingebrockt haben, oder einer, der sich in einen Winkel des Universums zurückgezogen hat und den die irdischen Geschehnisse nicht interessieren, oder einer, der aus irgendeinem anderen Grund nicht oder noch nicht eingreift. Ein Argument gegen die Existenz Gottes sind die gewalttätigen Übergriffe gottgläubiger Menschen jedenfalls nicht. Allerhöchstens könnte argumentiert werden: »Ein Gott, der dabei zuschaut, gefällt mir nicht!« Oder: »Die Religiösen verhalten sich nicht so, wie sie nach den Forderungen ihres Glaubens eigentlich sollten.«

»Dass ein Krieg im Namen des Atheismus geführt würde, kann ich mir nicht vorstellen. Was sollte der Grund sein?«, fragt sich Dawkins (S. 387). Tatsächlich wurden in den letzten Jahrzehnten zahlreiche Kriege im Namen des Atheismus geführt und Tausende Christen wurden in russische, vietnamesische und chinesische Umerziehungslager gesteckt, gefoltert und getötet, um ihren Glauben an Gott auszulöschen.[25] Darüber hinaus sollte bedacht werden, dass die meisten Kriege nicht mit dem Glauben zu tun hatten und haben, sondern mit allgemein menschlichen Interessen, dem Streben nach Besitz, Macht, Rache usw. Das würde auch eine Abschaffung der Religionen nicht verändern.

Eine akzeptable Ethik hat nichts mit dem Glauben an Gott zu tun, meint Dawkins. Dass die ethischen Vorstellungen der Menschheit im Laufe der Evolution materialistisch geprägt wurden, setzt er einfach voraus (S. 296f.). Dabei erwähnt Dawkins selber, dass seine Ausführungen zum »egoistischen Gen« einige seiner Leser zum Sozialdarwinismus bewegten, nach dem Motto: »Der Stärkere setzt sich durch – auch in der modernen Gesellschaft«. Trotzdem meint Dawkins, die Gene programmierten den Organismus, seinen Verwandten einen Gefallen zu tun, um in einer starken Gruppe das Überleben der eigenen Gene zu optimieren. Außerdem komme das Prinzip der Symbiose zum Tragen, da sich verschiedene Organismen hier wechselseitig helfen (S. 299-309). Dass sich manche Tiere so verhalten, ist unbestritten. Warum sie es tun, ist eine Frage weltanschaulicher Interpretation. Nach einigem Suchen kann zumeist ein sinnvoller Zweck im Verhalten der Organismen entdeckt werden. Offen aber bleibt, ob dieser sich im Verlauf der Evolution entwickelt und genetisch manifestiert hat oder ob ein planender Gott dahinter steht. Beide Annahmen haben dieselbe Plausibilität, solange nicht geklärt ist, ob Gott existiert. Da der moderne Mensch weit weniger instinktgesteuert ist als die meisten Tiere, ist der Versuch, Ethik in der Evolution zu begründen, zum Scheitern verurteilt. Denn einen erkennbaren Vorteil hat es für das Einzelindividuum nicht, wenn es sich altruistisch gegenüber der Gesamtgesellschaft oder seiner Kleingruppe verhält. Tatsächlich ist das in der Praxis auch nicht immer der Fall. Ganz zu schweigen davon, dass gerade konkrete moralische Forderungen wie Treue, Verantwortungsbewusstsein, Schutz Behinderter usw. kaum aus einem möglichen Überlebensvorteil abgeleitet werden können.

Dawkins macht eine einfache Rechnung für die moralische Überlegenheit des Atheismus auf. Nach seinen Angaben gebe es in den von Konservativen regierten Regionen der USA mehr Kriminalität, mehr Morde, Einbrüche und Gewaltverbrechen (S. 319). Diese Tatsache allein auf die momentan regierende

Partei zurückzuführen, entspricht wohl kaum wissenschaftlichem Vorgehen. Zuerst einmal müssten andere mögliche Faktoren wie Arbeitslosigkeit, Bevölkerungszusammensetzung, Bildung, Alter usw. ausgeschlossen werden. Dann müsste untersucht werden, ob in den entsprechenden Staaten wirklich die Frommen im Gefängnis sitzen. Unter anderem müsste natürlich auch untersucht werden, ob in diesen Landesteilen einfach strenger vorgegangen wird und deshalb mehr Verurteilungen zu verzeichnen sind usw. Ein einfacher Rückschluss von der regierenden Partei auf die Frömmigkeit der Wähler und deren moralischen Zustand ist wohl sehr gewagt.

Besonders heftig geht Dawkins mit dem Islam und mit dem Christentum ins Gericht. Trotz zahlreichen textkritischen Untersuchungen, die die relativ zuverlässige Überlieferung des Neuen Testaments über 2000 Jahre hinweg stützen, äußert Dawkins, es handle sich bei diesen historischen Berichten um Endresultate einer »stillen Post«, in der über Generationen hinweg biblische Texte vorsätzlich umgeschrieben worden seien (S. 130f.). »Die Bibel ist in großen Teilen ... einfach nur grotesk. Nichts anderes erwartet man von einer chaotisch zusammengestoppelten Anthologie zusammenhangloser Schriften, die von Hunderten anonymer Autoren ... verfasst, umgearbeitet, übersetzt, verfälscht und verbessert wurden ...« (S. 327). Auf 15 Seiten fasst Dawkins seine Sicht der Ethik des Alten Testaments zusammen. Das Buch Josua beispielsweise ist für ihn ein »Text, der durch die darin aufgezeichneten blutrünstigen Massaker ebenso auffällt wie durch seine genüsslich ausgebreitete Fremdenfeindlichkeit« (S. 342). Das Neue Testament sei da auch nicht wesentlich besser, meint Dawkins. Historisch sei es so zuverlässig wie Dan Browns Roman »Sakrileg«. »Der einzige Unterschied besteht darin, dass ›Sakrileg‹ eine moderne literarische Erfindung ist, während die Evangelien schon vor sehr langer Zeit erfunden wurden« (S. 137).[26] Solche Aussagen sind entweder ein Zeichen von weitgehender Unkenntnis oder vom mangelnden Willen, sich

sachgemäß mit der religiösen Überlieferung auseinanderzusetzen.

Nicht von wissenschaftlicher Redlichkeit zeugen die Ausführungen Dawkins' zur »Jesuslegende«. Demnach seien die
Jungfrauengeburt, der Stern von Bethlehem, die Anbetung
des Kindes durch die Weisen aus dem Morgenland usw. allesamt aus anderen Religionen übernommen worden. Dass es
sich hierbei um eine historisch recht gewagte Interpretation
handelt, deren Ideen aus der sog. *Religionsgeschichtlichen
Schule* des 19. Jahrhunderts stammen, verschweigt Dawkins
wohlweislich. Dabei sollte er doch aus der Biologie wissen,
dass äußere Ähnlichkeit sehr verschiedene Ursachen haben
kann (wie beispielsweise die anatomische Ähnlichkeit von
Säugetier-Wölfen und Beuteltier-Wölfen in der Evolution nicht
durch direkte stammesgeschichtliche Verwandtschaft, sondern
durch die ähnliche ökologische Nische erklärt werden kann, in
der diese Tiere leben). Zwischenzeitlich ist allgemein bekannt,
dass Berichte von Jungfrauengeburten oder Handauflegungen
als Zeichen menschlicher und göttlicher Nähe weitgehend unabhängig voneinander in verschiedenen Religionen aufgetre-
ten sind. Ähnliche Berichte können abgeschrieben sein, sie
können unabhängig voneinander wahre Ereignisse berichten,
ein Teil kann erfunden oder ausgeschmückt, ein anderer Teil
aber historisch zuverlässig sein. Unabhängig voneinander
können verschiedene Menschen auf ähnlich naheliegende
Symbole kommen, die ihrer Alltagswelt entspringen (z. B. die
Anwendung von Wasser – Taufe – für innere wie äußere Reini-
gung im Hinduismus und im Christentum)[27] (S. 132f.).

Der Literaturwissenschaftler Terry Eagleton bemängelt, dass
diese Art Religionskritik einen Kenntnisstand offenbare, der
nicht einmal den eines Erstsemester-Studierenden in Theologie erreichen würde.[28] Ähnliche Kritik äußert der rechtskon-
servative Politiktheoretiker Dinesh D'Souza: Dawkins habe Immanuel Kants Werk und die aus ihm folgenden Debatten in der
Philosophie anscheinend noch gar nicht wahrgenommen.[29]

5.8 Der Atheismus und die Erkenntnistheorie

Das Hauptproblem in Dawkins' »Gotteswahn« ist nicht seine Kritik an vorschnellen christlichen Gottesbeweisen, seine unwissenschaftliche und stellenweise polemische Argumentation oder seine Begeisterung für die Evolutionstheorie, sondern seine totale Vernachlässigung der modernen Erkenntnistheorie. Dawkins will mit einem wissenschaftstheoretischen Weltbild des 19. Jahrhunderts beweisen, was nicht zu beweisen ist. Die Grundlagen und Methoden seines Denkens sind überholt. Er geht davon aus, dass Wissenschaft objektiv, Glauben hingegen durch und durch subjektiv sei. Er meint, die Welt beschreiben zu können, wie sie wirklich ist, ohne sich an die notwendige Selbstbeschränkung moderner Wissenschaft zu erinnern.[30] Dabei hat schon Karl Popper im Entwurf seines »Kritischen Rationalismus« deutlich gemacht, dass Wissenschaft nie die Wahrheit ihrer Denkmodelle beweisen kann.[31] Sie hält an ihnen nur fest, solange nicht deren Unwahrheit glaubwürdig nahegelegt werden kann. Dawkins aber ist nicht im Geringsten daran interessiert, Widersprüche in seiner evolutionistisch-materialistischen Weltanschauung zu suchen, nicht einmal Kritik daran zuzulassen. Forschungen im Bereich der Hermeneutik haben gezeigt, dass immer auch persönliche Motive und Prägungen die Arbeit von Wissenschaftlern beeinflussen.[32] Thomas Kuhn hat nachgewiesen, dass Wissenschaftler sich eben nicht nur durch Wahrheit und Experimente korrigieren lassen. Echter wissenschaftlicher Fortschritt braucht akademische Revolutionen, zu denen meist nur junge, noch nicht so festgelegte Wissenschaftler in der Lage sind.[33] Werner Heisenberg hat mit seiner »Unschärferelation« gezeigt, dass vollkommen exakte Beschreibungen eines subatomaren Körpers prinzipiell nicht möglich sind, und Karl Gödel hat eindrucksvoll bewiesen, dass kein wissenschaftliches System mit seinen eigenen Methoden einen Widerspruchsfreiheitsbeweis führen kann (*Gödelsches Unvollständigkeitstheorem*).[34]

Mit dem mittelalterlichen Denker Anselm von Canterbury sind Erkenntnistheoretiker bis heute überzeugt, dass immer erst der Glaube (die Annahme) kommt und dann das Wissen. Jede Wissenschaft baut demnach auf unbewiesenen und unbeweisbaren Grundbehauptungen (Axiome und Paradigmen) auf, die ein Erkennen und Interpretieren der sinnlich wahrnehmbaren Wirklichkeit erst ermöglichen. Zu diesen Paradigmen gehören Aussagen über die eigene Umwelt: »Die sichtbare Natur ist real oder nicht real.« »Alle Wirklichkeit ist materiell oder nur Schein.« »Es existiert etwas Übernatürliches, oder alles ist Substanz und Energie.« usw.

Ein wichtiger Grundsatz wissenschaftlichen Arbeitens ist die Sachgemäßheit. Demnach muss die Methode, mit der ein Gegenstand untersucht wird, diesem Gegenstand entsprechen. So kann das Gewicht eines Atoms natürlich nicht mit der Balkenwaage bestimmt werden und die Fotosynthese nicht mit Formeln der Wirtschaftswissenschaft. Die wichtigste Frage in der Diskussion um den Atheismus muss deshalb lauten: »Welche wissenschaftliche Methode ist in der Lage, nachvollziehbare Ergebnisse über die Existenz Gottes zu liefern?« Ausgeschlossen werden können hier schnell Physik, Chemie, Biologie usw., da sich diese definitionsgemäß ausschließlich mit materiellen Objekten beschäftigen, es aber eher unwahrscheinlich ist, dass Gott auch ein solches materielles, innerweltliches Objekt ist.

Antony Flew (Professor für Philosophie in Oxford, Keele und Reading) war einer der vehementesten Vertreter einer darwinistischen, materialistischen Weltanschauung, welche die Existenz eines göttlichen Wesens ablehnt. Flew vertrat in seinen Büchern *God and Philosophy* und *The Presumption of Atheism* die These, dass man Atheist sein müsse, solange man keine hinreichenden Beweise für die Existenz eines Gottes habe. Bereits 2004 sorgte der Philosoph für Aufsehen, als er in einem Interview bekannte, dass er nun doch an einen Gott glaube. Flew erklärte, er habe Gott »entdeckt«, nachdem er »den Belegen nachgegangen« sei. Dass es einen Gott gebe, der das Universum erschaffen hat, sei für ihn eine Frage der »empirischen Hinweise«, aus denen man philosophische Schlüsse ziehen könne.

Ihn überzeugten vor allem sein »wachsendes Verständnis für die Ansichten Albert Einsteins und anderer wichtiger Wissenschaftler, dass es eine Intelligenz geben müsse, die hinter all der Komplexität des physischen Universums steht. Der zweite Faktor war meine eigene Erkenntnis davon, dass die Komplexität selbst – die viel komplexer ist als das physische Universum – nur erklärt werden kann, wenn man eine intelligente Quelle annimmt.« »Ich glaube, dass der Ursprung des Lebens … nicht allein von einem biologischen Standpunkt aus erklärt werden kann … Mit jedem Jahr, in dem mehr über die Reichhaltigkeit und die integrierte Intelligenz des Lebens bekannt wird, scheint es weniger wahrscheinlich, dass aus einer chemischen Suppe wie durch Magie der genetische Code entstehen konnte.« Sein Kollege Dawkins argumentiere, dass der Ursprung des Lebens auf einen »glücklichen Zufall« zurückzuführen sei. »Wenn das sein bestes Argument ist, dann ist das Spiel zu Ende«, so Flew.[35]

Wer mit Gott rechnet, hat ein offenes Weltbild und beschränkt die Wirklichkeit nicht lediglich auf das zu seinen Lebzeiten Wissbare. Ein solcher Mensch realisiert, dass die Wirklichkeit nicht nur mit dem rationalen Denken erfasst werden kann, sondern auch mit dem »Denken des Herzens« (Blaise Pascal). Außerdem akzeptiert er, dass in der Zukunft aller Wahrscheinlichkeit nach Bereiche der Wirklichkeit erschlossen werden können, die momentan eher unwirklich zu sein scheinen.[36]

VI. | Gottesbeweise

6.1 Was Gottesbeweise beweisen und was nicht

So selbstverständlich wie die meisten Menschen der Weltgeschichte von der Existenz Gottes ausgingen, so selbstverständlich meldete sich gelegentlich der Zweifel. Selbst dem Gläubigsten konnte die Frage in den Sinn kommen, ob er sich nicht irre, insbesondere wenn er mit Menschen in Kontakt kam, die sich Gott anders vorstellten. Außerdem wollten intellektuelle Gläubige aller Zeiten auch mit dem Verstand begreifen, was sie intuitiv, durch die Lebenserfahrung oder nach der Erfahrung von Wundern für wahr hielten. Die so genannten Gottesbeweise richteten sich primär nicht an Atheisten, sondern an Gläubige, um die eigene Gottesgewissheit zu vertiefen oder um Gott auch mit dem Verstand zu ehren (Matthäus 22,37). Wer Gottes Existenz nicht akzeptieren will, kann auch durch intellektuelle Argumente kaum zu einer Änderung seiner Meinung bewegt werden. Im Gegensatz nämlich zu allen anderen Ereignissen, Gegenständen und Gesetzen dieser Welt handelt es sich bei Gott um ein überirdisches Wesen, um eines, das den natürlichen Sinnen des Menschen nicht unmittelbar zugänglich ist.

Es existiert auch keine geistes- oder naturwissenschaftliche Methode, mit der Gott untersucht oder nachgewiesen werden könnte, was die Beweisbarkeit Gottes natürlich stark einschränkt. Weder die Physik noch die Chemie, aber auch nicht die Philosophie oder Soziologie verfügen über das nötige Instrumentarium oder das passende Nachweisverfahren für die Untersuchung Gottes.

Diese prinzipielle Unfähigkeit liegt an der mangelnden Kenntnis über die »Zusammensetzung« und das Wesen Gottes. Wer nicht weiß, wonach er genau suchen soll, hat kaum Aussicht darauf, den gesuchten Gegenstand wirklich zu finden. Darüber hinaus forschen Menschen gewöhnlich nach Menschenähnlichem, nach bekannten materiellen oder individuellen Strukturen. Der gesuchte Gott müsste halt irgendwie menschlich sein, wenn er gefunden werden sollte; so wie die Außerirdischen, nach denen seit Jahrzehnten vergeblich Ausschau gehalten wird. Sowohl bei Wissenschaftlern als auch bei Science-Fiction-Autoren sind die Vorstellungen von Aliens eben doch sehr irdisch. Wenn sie schon nicht wie Menschen aussehen, kommunizieren und leben, dann müssen sie zumindest irdischen Reptilien, Bakterien oder Pflanzen ähnlich sein. Was aber, wenn die »Außerirdischen« eine ganz andere Struktur hätten, beispielsweise mikroskopisch klein wären, mit Licht statt mit Schallwellen kommunizierten, vielleicht eine rein energetische Konsistenz hätten? Selbst bei diesen Versuchen, etwas Undenkbares zu denken, wird schnell deutlich, wie sehr Menschen in ihrer Vorstellungswelt von der irdischen Realität bestimmt werden. Menschen, auch Wissenschaftler, können sich zumeist lediglich das vorstellen, was sie schon kennen, und das »Unbekannte« nur innerhalb der ihnen bekannten Wahrnehmungsstrukturen verstehen. Wenn allerdings diese Vorgehensweise schon bei »normalen Außerirdischen« nicht funktioniert, muss sie bei Gott als dem »außerordentlichen Außerirdischen« natürlich auch versagen.

Wenn Gott sich in seiner Existenz nicht nach irdischen Verhältnissen richten muss – und nichts spricht dafür –, dann ist es unermesslich schwer, wenn nicht unmöglich, ihn gegen seinen Willen wissenschaftlich zu untersuchen. Womit der Hinweis, dass die Wissenschaft Gott bisher nicht gefunden hat, kindlich naiv wirkt und über die Existenz eines solchen Wesens rein gar nichts sagt.

Noch mehr aber hängt die Unfähigkeit der Wissenschaft bei der »Untersuchung« Gottes damit zusammen, dass dieser sich definitionsgemäß für menschliche Versuche und Beobachtungen nicht zur Verfügung stellen muss. Sollte er als Gott existieren, hätte er aus seiner Sicht auch keinen deutlichen Vorteil davon, wenn er sich irdischen Labors zur Verfügung stellen würde. Wenn er als Gott gar den Wunsch hätte, sich der Menschheit nicht zu zeigen, könnte er sich bis an den Rand des Universums zurückziehen oder sich in eine andere Dimension begeben oder seinen Zustand in eine den Menschen unzugängliche Existenzform verwandeln, und schon wäre es unmöglich, ihn aufzuspüren. Letztlich können Menschen Gott nur dann erkennen und beschreiben, wenn er erkannt und in seinem Wesen erschlossen werden will. Gerade das behaupten alle irdischen Religionen, die von einem übernatürlichen Wesen ausgehen, mit dem der Mensch in Kontakt treten kann. Dass Gott sich mitteilt – durch Offenbarungen, Wunder und indem er selbst die Erde besuchte – ist an eine Voraussetzung geknüpft: die Bereitschaft jener jenseitigen Instanz sich mitzuteilen (allen oder nur ausgewählten Personen).

Wenn es prinzipiell auch nicht möglich ist, Gott mit wissenschaftlichen Methoden zu untersuchen, so besteht doch die Möglichkeit, sich in der erforschbaren Welt nach den Spuren des Handelns Gottes umzusehen.

Gottesbeweise können ihrem eigentlichen Wesen nach also lediglich Interpretationen der vermeintlich beobachteten Spuren Gottes sein oder eine Dokumentation seiner Offenbarungen, soweit diese historisch fassbar sind. Die heiligen Schriften vieler Völker und Religionen enthalten solche Hinweise, insbesondere die Bibel, die Gott als geschichtlich handelnden und eingreifenden Gott vorstellt. Hier wird davon berichtet, wie sich Gott hörbar, sichtbar und fühlbar Menschen mitteilte, wie er Ereignisse initiierte (Naturwunder, Heilungen usw.), die Beobachter nicht rein innerweltlich zufriedenstellend erklären konnten bzw. als eindeutigen Nachweis Gottes akzeptierten.

Gott teilte interessierten Menschen Zusammenhänge mit, die sie mit ihrem Wissenshorizont nicht erkennen konnten (erfüllte Prophetie, unausgesprochene Gedanken, verborgene Handlungen usw.).

Sowohl die historisch fassbaren Spuren Gottes als auch die logischen Schlussfolgerungen der philosophischen Gottesbeweise können nach dem oben Gesagten immer nur *Hin*weise, Indizien für die Existenz und das Handeln Gottes sein, nie *Be*weise im naturwissenschaftlichen Sinn. Das aber liegt nicht an ihrer Fehlerhaftigkeit oder daran, dass Gott nicht existiert, sondern an den begrenzten Möglichkeiten der Wissenschaften, Gott zu untersuchen, an den begrenzten intellektuellen Kapazitäten der »Erdlinge« und vor allem an der Unverfügbarkeit Gottes. Kirchenväter wie Clemens von Alexandria (140–215) stellen deshalb klar: »Gott ist unbeweisbar«.[37] Höchstens sei Gott durch das vom Heiligen Geist geleitete Studium seiner Offenbarungen erschließbar. Der Versuch aber, Gott mit begrenzten menschlichen Möglichkeiten zu erforschen, müsse scheitern.

Anselm von Canterbury, der selbst Gottesbeweise formulierte, ist vollkommen klar, dass er Gott nur finden und beschreiben kann, wenn dieser sich finden lassen will: »Lehre mich Dich suchen und zeige Dich dem Suchenden; denn ich kann Dich weder suchen, wenn Du es nicht lehrst, noch finden, wenn Du Dich nicht zeigst. Lass mich Dich verlangend suchen, suchend verlangen. Lass mich liebend finden, findend lieben.«[38]

6.2 Die prominentesten Gottesbeweise/Gotteshinweise

Die meisten Gottesbeweise stützen sich entweder auf das Kausalitätsprinzip (kosmologischer Gottesbeweis), auf das Finalitätsprinzip (axiologischer Gottesbeweis), auf die Unbedingtheit des Sittengesetzes (ethikotheologischer Gottesbeweis) oder auf die Sonderstellung des Gottesbegriffs (ontologischer Gottesbeweis).

- Der Kirchenvater Aurelius Augustinus (354–430) meint, nicht der Verstand, sondern nur der Glaube könne Gewissheit über die Existenz Gottes geben. Und doch probiert er in seinem Buch *De libero arbitrio* einen Gottesbeweis. Demnach sehnen sich alle Menschen nach einem höchsten Gut, dem Glück. »Bevor wir glücklich sind, ist doch schon unserem Geist der Begriff des Glücks eingeprägt, denn durch diesen wissen wir und sagen zuversichtlich ..., dass wir glücklich werden wollen.« Dieses gemeinsame Wissen der Menschen kommt nach Augustinus von Gott. Die Sehnsucht nach Glück, das irdisch nicht voll befriedigt werden kann, verweist darauf, dass der Mensch einmal dieses Glück in der vollkommenen Einheit mit seinem Schöpfer erlebt hat. Diese Glückssehnsucht ist wie ein Andenken an Gott und eine Hoffnung, die über das irdische Leben hinausweist. Gott ist dann die absolute Weisheit und das absolute Glück.[39]

  Augustinus sieht auch in der Schönheit der Natur einen deutlichen Hinweis auf Gott. Die auffallende Ästhetik von Blüten, Federn, Körpern, Landschaften und Atomen kann nicht allein aus ihrer Zweckmäßigkeit erklärt werden. Eine schöne Blume oder ein schöner Vogel scheinen zur Freude ihres Betrachters geschaffen worden zu sein. Die von Menschen wahrgenommene Schönheit der Natur lässt sich weit besser mit der Annahme eines an Ästhetik interessierten Schöpfers verstehen als mit der Hypothese eines blind waltenden Zufalls.[40]

- Wieder aufgegriffen wurde diese Argumentation von Jonathan Edwards (1703–1758) und Hans Urs von Balthasar (1905–1988). Naturwissenschaftler wie Paul Dirac (1902–

1984) weiten den Blick für die Schönheit der Natur auf die Mathematik und Physik aus, ohne allerdings auf Gott zu schließen. Oft zeichnen sich Naturgesetze und Theorien, die Naturvorgänge beschreiben, durch Schönheit und Klarheit aus, die nicht zufällig entstanden zu sein scheint (z. B. in der Struktur der *Fraktale*[41] oder der Symmetrie der *Maxwellschen Gleichungen*[42], die vor allem Physikern und Mathematikern zugänglich ist). Dazu der Nobelpreisträger Steven Weinberg (geb. 1933): »Die Schönheit, die wir in physikalischen Theorien finden, ... [ist] die Schönheit der Einfachheit und Unausweichlichkeit – die Schönheit der vollkommenen Struktur, die Schönheit, dass alles zusammenpasst, ... die Schönheit der logischen Strenge ...«[43]

- Anselm von Canterbury (1033–1109) wurde in Italien geboren, zog dann in die Normandie, wurde Abt in dem berühmten Kloster Bec und schließlich Erzbischof von Canterbury (1093). Seinen *ontologischen Gottesbeweis* entwickelt Anselm von Canterbury im Proslogion.[44] Seine Argumentation hat das Muster einer reductio ad absurdum[45]:

1. Gott ist das, über das hinaus nichts Größeres gedacht werden kann (Definition).
2. Gott existiert nur im Verstand, nicht aber in der Wirklichkeit (Argumentationsannahme).
3. In Wirklichkeit zu existieren ist größer, als allein im Verstand zu existieren (Axiom).
4. Etwas, das alle Eigenschaften Gottes besitzt plus die Eigenschaft der Existenz in der Wirklichkeit, kann gedacht werden (Axiom).
5. Etwas, das alle Eigenschaften Gottes besitzt und darüber hinaus in Wirklichkeit existiert, ist größer als Gott (Schlussfolgerung aus 2. und 3.).
6. Etwas, das größer als Gott ist, kann gedacht werden (Schlussfolgerung aus 4. und 5.).

7. Es ist falsch, dass etwas, das größer als Gott ist, gedacht werden kann (folgt aus 1.).
8. Also ist es falsch, dass Gott allein im Verstand existiert und nicht in der Wirklichkeit (Ableitung aus dem Widerspruch).
9. Es ist klar, dass Gott im Verstand existiert. Das akzeptiert selbst der Gottesleugner, der Position 2 vertritt.
10. Also existiert er auch in Wirklichkeit.[46]

Die Kritik einiger Zeitgenossen (z. B. des Benediktinermönchs Gaunilo), man könne sich auch eine perfekte Insel vorstellen, ohne dass diese dann auch in Wirklichkeit existieren müsse, trifft Anselms Argumentation nicht ganz, da es sich bei einer Insel um etwas Innerweltliches handelt und da der Begriff »Insel« gewöhnlich nicht mit »höchster denkbarer Vollkommenheit« definiert wird. Allerdings hatte Anselm mit seinen Überlegungen auch nicht das Ziel, einen absolut unhinterfragbaren Gottesbeweis zu formulieren. Er beabsichtigte wohl eher, durch sein Nachdenken die Wahrnehmung der Realität Gottes zu stärken.

- Thomas von Aquin (1225–1274) gilt als einer der wichtigsten Theologen des Mittelalters. Geboren in Italien, wurde er Mitglied des Dominikanerordens und nach seinem Studium Professor für Theologie in Paris, Rom, Viterbo und Orvieto. In seiner »Summe gegen die Heiden« will Thomas die Rationalität des christlichen Glaubens verteidigen.[47] Intensiv beschäftigt er sich hier mit der Existenz Gottes. Wie ein Künstler sein Gemälde kennzeichnet, so habe Gott in seiner Schöpfung ebenfalls seine deutlichen Spuren hinterlassen. Gott ist für Thomas zugleich Ursache und Gestalter. Er hat die Welt geschaffen und ihr seinen göttlichen Stempel aufgedrückt. Die Ordnung der Welt ist der überzeugendste Beweis für die Existenz und Weisheit

Gottes. Allerdings kann diese Erkenntnis Gottes durch die Beobachtung der Natur nur seine Existenz plausibel machen, nicht aber sein Wesen und seinen Charakter erschließen lassen.

1. **Beweis aus der Bewegung:** Die Welt ist nicht statisch, sondern dynamisch. Alles in ihr ist bestimmt von Bewegung und Veränderung. Thomas argumentiert, dass alles, was sich wandelt, durch etwas anderes angestoßen werden muss. »Nun wird alles, was sich im Prozess der Veränderung befindet, von etwas anderem verändert, weil sich nichts verändert, wenn es nicht potentiell das ist, wozu es verändert wird ... Es ist daher unmöglich, dass auf dieselbe Weise etwas gleichzeitig das sein kann, was die Veränderung bewirkt, und das, was verändert wird. Ebenso unmöglich kann es sich selbst verändern.« Hinter jeder Veränderung und Bewegung steht eine andere Bewegung, die diese ausgelöst hat usw. Die erste Bewegung einer Kette von Bewegungen, die wieder Bewegungen ausgelöst haben, ist der »unbewegte Beweger«, Gott (*kosmologischer Beweis*). Alister McGrath fasst den Gedankengang dieses Gottesbeweises so zusammen: »1. Alles im Universum ist in seiner Existenz abhängig von etwas anderem. 2. Was für seine einzelnen Teile zutrifft, trifft auch für das Universum als Ganzes zu. 3. Das Universum ist deshalb in seiner Existenz von etwas anderem abhängig, solange es existiert hat oder existieren wird. 4. Das Universum ist deshalb in seiner Existenz abhängig von Gott.«[48]

2. **Beweis aus der Ursache:** Für jede Veränderung gibt es eine Ursache. Jede Ursache eines Wandels wurde wiederum durch etwas anderes verursacht usw. Da es schwer vorstellbar ist, dass diese Kette von Ur-

sachen der Ursachen endlos ist, muss es eine erste unverursachte Ursache geben. Das ist für Thomas von Aquin Gott.

3. **Beweis durch den Unterschied zwischen Möglichkeit und Notwendigkeit:** Es wäre durchaus denkbar, dass statt des vorhandenen Universums nichts existiert. Etwas Existierendes muss nach Thomas immer durch etwas Existierendes in seine Existenz gerufen worden sein. Auch hier kann man eine Kette von Existierendem zurückverfolgen bis zum ersten Existierenden, das schon immer war und durch nichts in seine Existenz gerufen wurde, vielleicht weil es jenseits der Kategorie »Existenz« steht. Und das ist Gott.

4. **Beweis aus den Stufen des Seins:** Die universalen menschlichen Werte wie Wahrheit, Güte und Edelmut verweisen auf einen Ursprung, in dem sie in vollkommener Weise verwirklicht sind. Sie verweisen auch auf einen Ursprung, auf jemanden oder etwas, der diese Wahrheit, das Gute, definiert und gesetzt hat, sodass es die Menschen aller Kulturen gleichermaßen beeinflusst hat. Das kann für Thomas nur Gott sein.

5. **Beweis aus der Zielstrebigkeit:** Der **teleologische Gottesbeweis** (von griechisch *telos* = »Ziel«) geht von der Beobachtung aus, dass die ganze Welt Spuren eines intelligenten Entwurfs zeigt. Alle Prozesse und Gegenstände scheinen mit einer bestimmten Absicht geschaffen worden zu sein. Sowohl das Weltall als auch das irdische Ökosystem sind bis ins Detail hinein fein und sinnvoll aufeinander abgestimmt. Diese komplexe Ordnung kann für Thomas nur auf einen intelligenten Schöpfer deuten.

Auch die Frage, warum bzw. wofür etwas existiert, verweist immer auf einen höheren Zusammenhang. So hat eine Gabel keinen Selbstzweck, sondern soll beim Essen helfen. Arbeit ist kein Selbstzweck, durch sie soll z. B. ein Auto fabriziert werden. Das Ziel aller Ziele, der Zweck aller Zwecke muss außerhalb des Menschen und auch außerhalb der Welt liegen. Das, wofür alles existiert und erfunden wurde, ist bei Thomas letztlich Gott.

Die fünf Gottesbeweise haben die gleiche Argumentationsstruktur: 1. Ein bestimmter Sachverhalt in der irdischen Realität wird festgestellt. Dinge bewegen sich, sind verursacht, können sein und nicht sein, sind unterschiedlich gut, sind zielgerichtet. 2. Der beobachtete Sachverhalt weist über sich hinaus. Das Bewegte ruft nach einem Beweger, das Verursachte nach seiner Ursache usw. 3. Die Kette der Ursachen kann nicht endlos bis ins Leere hinein fortgesetzt werden. 4. Folglich wird auf ein Erstbewegendes, eine erste Ursache, ein absolutes Vollkommenes, ein in sich selbst ruhendes Ziel geschlossen. 5. Das in Punkt 4 Erschlossene wird mit Gott identifiziert.[49]

- Eine besondere Variante des kosmologischen Gottesbeweises ist der von einer arabischen Philosophenschule des Mittelalters entwickelte **Kalam-Beweis:**

  1. Alles, was einen Beginn hat, muss auch eine Ursache haben.
  2. Die Existenz des Universums hat einen Beginn.
  3. Deshalb muss dieser Beginn der Existenz des Universums durch etwas verursacht worden sein.
  4. Die einzig mögliche Ursache ist Gott.[50]

Dieser Gottesbeweis wird gegenwärtig vor allem durch die Popularität des Urknall-Modells gestützt. Demnach hat das Universum einen definitiv beschreibbaren Anfang, worauf nicht nur das »Hintergrundrauschen« des Weltraums und die »Rotverschiebung« der Sterne deuten. Sich die Entstehung des Universums vollkommen losgelöst vom Eingriff einer göttlichen Intelligenz vorzustellen, ist ungefähr so schwer, wie sich vorzustellen, dass plötzlich aus dem Nichts ein lebendiges Kaninchen entsteht.

- Für den Mathematiker und Philosophen **Blaise Pascal** (1623–1662) gibt es für das vernunftgeleitete Denken keine Möglichkeit, Gott zu erkennen. »Es ist das Herz, das Gott spürt, und nicht die Vernunft. Das ist der Glaube: Gott spürbar im Herzen und nicht die Vernunft.«[51] Nach Pascal kann die reine Vernunft nur einen Teil der Wirklichkeit erfassen. Weite Teile der Realität sind ihr verschlossen und lassen sich nur mit dem »Denken des Herzens« erschließen. Gott ist vor allem in einer persönlichen, geschichtlichen Begegnung erfahrbar. Darüber hinaus ist es für den Menschen sinnvoll, an Gott zu glauben, auch wenn er sich über dessen Existenz noch nicht ganz im Klaren ist, argumentiert Pascal in seiner »Wette«. Glaubt man an Gott, so verliert man nichts, doch kann man alles gewinnen. Existiert Gott nicht, so wird der Mensch es auch nach seinem Tod nicht erfahren, im Leben aber büßt er nichts ein. Existiert Gott hingegen, lebt der Gläubige in ewiger Herrlichkeit, der Ungläubige aber hat alles verloren.

- Der epochemachende Physiker **Isaac Newton** (1643–1727) sieht einen Beweis für die Existenz Gottes in der »wunderbaren Ordnung der Natur: ... Woher kommt es, dass Sonne und Planeten einander anziehen, ... woher rührt all die Ordnung und Schönheit der Welt? ... Wie wurden die Körper der Tiere so kunstvoll ersonnen, und zu welchem Zwecke dienen ihre einzelnen Teile? ... Und da dies alles so wohl eingerichtet ist, wird es nicht aus den Naturerscheinungen offenbar, dass es ein unkörperliches, lebendiges, intelligentes und allgegenwärtiges Wesen geben muss, welches im unendlichen Raume ... alle Dinge in ihrem Innersten durchschaut und sie in unmittelbarer Gegenwart völlig begreift.«[52]

Nach Newton verwirklicht sich Gott in der Natur als Schöpfer und Erhalter. Je mehr es gelingt, Naturprozesse durch Gesetze zu beschreiben, desto mehr erreicht die Wissenschaft den Bereich des Göttlichen. Die Naturgesetze spiegeln etwas vom Wesen Gottes wider. Allerdings lassen sie keinen direkten Rückschluss auf Gott zu, weil der begrenzte Mensch Gott nur unzureichend nachdenken kann. »Ebenso wie der Blinde keine Idee von den Farben hat, haben wir auch durchaus keine Idee von der Weise, wie der weiseste Gott fühlt und alle Dinge erkennt. Er hat weder einen Körper noch eine körperliche Gestalt; er kann also weder gesehen noch gehört noch berührt werden, und man darf ihn unter keiner fühlbaren Gestalt anbeten.«[53] Aber die Naturwissenschaft kann im Nachhinein rekonstruieren, was Gott konstruiert hat und dadurch eindeutige Hinweise auf die Existenz eines intelligenten Weltschöpfers erhalten. Allein die Komplexität der kosmischen Sternenwelt und der irdischen Natur, die bis ins Detail hinein aufeinander abgestimmt sind, verweist auf Gott. Nur eine unvorstellbare Intelligenz ist in der Lage, eine solche geballte Informationsstruktur zu erdenken und in Gang zu halten.[54]

- Mit seiner kritischen Auseinandersetzung mit den Gottesbeweisen will **Immanuel Kant** (1724–1804) nicht behaupten, es gäbe keinen Gott. Er will lediglich zeigen, dass die theoretische Vernunft einen solchen nicht fassen kann. Gott sei eher der praktischen Vernunft zugänglich, die das Handeln des Menschen bestimmt. Für Kant ist »das Ideal des höchsten Wesens ... ein regulatives Prinzip der Vernunft«.[55] Jeder Mensch folge normalerweise einem unbedingten moralischen Gesetz, dem »Kategorischen Imperativ« (»Handle so, dass die Maxime deines Willens jederzeit zugleich als Prinzip einer allgemeinen

Gesetzgebung gelten könne.«). Jeder denkende Mensch »guten Willens« müsse die Gültigkeit dieser Regel einsehen. Unterstützt wird die moralische Motivation durch die allgemeine Sehnsucht nach Glück, die der Mensch mit der Einhaltung der Moral verbindet. Gott ist für Kant der eigentliche Ursprung dieser moralischen Wahrnehmung und der angeborenen Glücksmotivation. »Es ist moralisch notwendig, das Dasein Gottes anzunehmen.«[56] Da Gott dem Menschen vernünftige moralische Regeln eingepflanzt hat, muss auch Gott selbst ein vernünftiges Wesen sein. Kant bezeichnet Gott darüber hinaus als »oberste Ursache«, »Schöpfer der Naturdinge« und »Urheber der Naturgesetze«. Kant spricht Gott auch noch andere Eigenschaften zu, wie sie typischerweise in der christlichen Theologie Gott zugesprochen werden: Heiligkeit, Allmacht, Allwissenheit, Allgegenwart, Gerechtigkeit, Ewigkeit.[57] Allerdings ist »das Dasein eines höchsten Wesens nur vorauszusetzen, nicht zu demonstrieren.« Kant betont aber auch, dass »dieses Fürwahrhalten [der praktischen Vernunft] ... dem Grade nach keinem Wissen nachsteht.«[58]

- Der »Gottesbeweis der Planung« wurde von **William Paley** (1743–1805) in seiner »Natürlichen Theologie oder Beweis der Existenz und Eigenschaften der Gottheit, gesammelt aus den Naturerscheinungen« (1802) auf die moderne Welt der Technik angewandt. Beeindruckt von Newtons Entdeckung der Regelmäßigkeiten in der Natur, stellt er einen Vergleich zu menschlichen Erfindungen her. Nach Paley könne niemand ernsthaft behaupten, die komplexe mechanische Technologie seiner Zeit sei durch zweckfreien Zufall entstanden. Jeder Mechanismus setze die Fähigkeit zur Planung und Herstellung voraus. Auch die Natur funktioniere wie ein technisches Gerät und müsse deshalb intelligent entworfen worden sein. Paley vergleicht die Natur mit einer aus vielen Einzelteilen präzise gefertigten Taschenuhr. Würde man solch eine Uhr irgendwo im Freien finden, würde jeder denkende Mensch auf einen Uhrmacher schließen. Kaum käme man auf den Gedanken, diese Uhr als ein willkürliches Produkt des Zufalls zu interpretieren. Ebenso wenig kommt ein extrem kompliziertes Organ wie das menschliche Auge oder das Herz ohne eine planende und ausführende Intelligenz aus. Zeitgenossen Paleys haben eingewandt, dass man mit seiner Argumentation auch fragen könnte, wer denn Gott geplant habe – wobei unberücksichtigt blieb, dass irdische Dinge der Erfahrung nach einen Anfang haben, von Gott hingegen kann das so unmittelbar nicht behauptet werden, da sein Wesen nicht näher untersucht werden kann. Außerdem sind die irdischen Dinge materiell und damit dem Prozess des Werdens und Zerfallens unterworfen, Gott hingegen wird im Allgemeinen als immateriell betrachtet. Paley wurde auch vorgeworfen, dass Pflanzen und Tiere sich im Gegensatz zu Maschinen einfach von selbst entwickeln würden, ohne dass es für jeden einzelnen Organismus einen Mechaniker bräuchte. Dieser Einwand ist allerdings nur an der Oberfläche zutreffend. Tiere und Pflanzen sind eben noch besser entworfene Maschinen, die sich selbst reproduzieren können. Aber ohne die von den ›Eltern‹ weitergegebene genetische Information des biologischen Bauplans und der Zuführung des geeigneten Materials, kann keiner dieser Organismen entstehen.

Auch wenn diese Gottesbeweise durchaus eine gewisse Überzeugungskraft haben, können sie keine Auskunft darüber geben, welche Persönlichkeit Gott hat, ob Gott auch nach seiner Tätigkeit als erster Anstoß des Universums heute immer noch existiert und ob es einen oder mehrere Götter gibt.

VII. | Zehn Gründe gegen die Existenz Gottes

1. Es gibt keinen Gott – die Beweise fehlen

Niemand hat Gott je gesehen, seine Existenz wird von der Kirche nur behauptet, sie ist bisher aber nicht bewiesen.

Entgegnung: Es gibt viele für die menschlichen Sinne nicht unmittelbar wahrnehmbare Objekte, von deren Existenz wir aber ausgehen (elektromagnetische Wellen, Ultraschall, Atome, Schwarze Löcher). Allerdings gibt es dafür wie auch für Gott indirekte Möglichkeiten der Wahrnehmung. Gott ist wesensmäßig nicht mit menschlich rationalen Methoden beweisbar.

2. Es gibt keinen Gott – die Wissenschaft erklärt alles

Der Mensch hat sich Götter geschaffen, um Unerklärliches zu erklären, meint z. B. Julian Huxley. Da es aber für den modernen Menschen nichts Unerklärliches mehr gibt und er seine Welt selber erklären kann, ist die Gotteshypothese für ihn überflüssig. Die moderne Wissenschaft erklärt alles zufriedenstellend.

Entgegnung: Das ist ziemlich vereinfachend und optimistisch. Es gibt durchaus noch viel Unerklärtes. Jeden Tag produziert die Wissenschaft neue Fragen, die wohl noch lange auf plausible Antworten warten müssen. Wer aber Gott von vornherein als menschliche Arbeitshypothese deklariert, macht ihn schon dadurch zu einem bloß menschlichen Produkt. Möglicherweise ist aber lediglich der »Arbeitshypothesen-Gott« ein Produkt menschlicher Phantasie. Über die Existenz eines realen Gottes, der nicht auf solche Gedankenspiele angewiesen ist, sagt das nur wenig.

3. Es gibt keinen Gott – er ist wissenschaftlich nicht bewiesen

Viele verweisen zu Recht darauf, dass bisher von keiner Wissenschaft, insbesondere Naturwissenschaft, die Existenz Gottes nachgewiesen werden konnte.

Entgegnung: Korrekt arbeitende Naturwissenschaftler können keine Aussagen über Dinge machen, die sie noch nicht entdeckt haben. Natürlich ist es unsinnig zu behaupten, dass es beispielsweise Atome oder radioaktiven Zerfall erst gibt, seit diese Phänomene wissenschaftlich zuverlässig beschrieben wurden. Wenn das für die Vergangenheit gilt, müsste man zumindest offener formulieren: »*Bisher* wurde Gott mit wissenschaftlichen Methoden noch nicht gefunden.« Hier stellt sich allerdings die entscheidende Frage, mit welchen Methoden Wissenschaftler Gottes Existenz nachweisen oder widerlegen wollen. Schließlich muss festgestellt werden, dass weder Physik noch Chemie oder Biologie über die geeigneten Methoden verfügen, solange nicht geklärt ist, ob Gott ein biologisches, physikalisches oder chemisches Wesen ist und ob er sich bereitwillig wissenschaftlichen Experimenten zur Verfügung stellt.

4. Es gibt keinen Gott – eine solche Vorstellung ist frei erfunden

Gott ist lediglich eine Projektion menschlicher Vorstellungen, Wünsche und Befürchtungen in den Himmel hinein, behauptete Ludwig Feuerbach. Indem der Mensch sich einen glückseligen, vollkommenen, gerechten und unsterblichen Gott vorstellt, hat er selber Anteil an dessen Ergehen.

Entgegnung: Natürlich muss zuerst festgehalten werden, dass es sich bei dieser Aussage lediglich um eine Behauptung, nicht aber um einen Beweis handelt. Besonders stimmig ist diese Behauptung auch nicht. Denn die meisten Menschen wünschen sich Genuss und Freiheit für ihre Lebensgestaltung und einen Gott, der ihnen alles erlaubt, der sie immer schützt. Einen solchen Gott aber sucht man in allen Religionen vergeblich, auch im christlichen Glauben. Doch selbst »wenn die Götter Wunschwesen sind, so folgt daraus für ihre Existenz oder Nichtexistenz gar nichts.«[59] Biblische Autoren kennen die menschliche Tendenz, sich eigene Gottesbilder zu entwerfen, aber sie unterscheiden den Gott, den sie drastisch erfahren haben, deutlich von jenen Hirngespinsten (2. Mose 20,4).

5. Es gibt keinen Gott – das lehrt schon die Natur

Der Mensch ist von Natur aus Atheist, denn er findet sich in der Natur vor und fühlt sich an sie allein gebunden. Die Bindung an einen übernatürlichen Gott wird ihm erst durch die Erziehung andressiert.

Entgegnung: Erkenntnisse der Archäologie, der Religionswissenschaft und der Ethnologie verweisen eher auf das Gegenteil, nämlich dass die Religiosität des Menschen untrennbar zu seinem Menschsein gehört. Es ist schon auffällig, dass bisher kein Volk und keine Kultur entdeckt wurde, die keinen Gott kannten. In der Realität ist es eher so, dass Kinder weltweit gesehen eher von der Existenz übernatürlicher Wesen ausgehen und sie durch Erziehung Stück für Stück von dieser Überzeugung weggebracht werden.

6. Es gibt keinen Gott – schließlich haben Christen so viel Schreckliches angerichtet

Autoren wie Karlheinz Deschner werden nicht müde, in umfangreichen Büchern echte und scheinbare Vergehen der Christen, insbesondere der katholischen Kirche, aufzulisten: Aberglaube, Hexenverfolgung, Kreuzzüge, Inquisition, Unterdrückung der Wissenschaft usw. Diese Sammlung von Heuchelei und Ungerechtigkeit spricht nach ihrer Meinung gegen Gott.

Entgegnung: Dass in zweitausend Jahren Kirchengeschichte auch von Christen manches gemacht worden ist, was aus heutiger Sicht kritisiert werden muss, stimmt. Über die Existenz

Gottes sagt das natürlich nichts, sondern höchstens über die Glaubwürdigkeit der betreffenden Menschen und Organisationen. Wenn gezeigt werden könnte, dass der Entdecker der modernen Genetik unmoralisch gelebt hat, sagt das über den Wahrheitsgehalt seiner Theorie eben noch nichts aus. Und selbst wenn auch nur die katholische Kirche beurteilt werden sollte, müsste man etwas objektiver vorgehen und deren sicherlich berechtigterweise anzumerkendes Versagen fairerweise die zahlreichen positiven Leistungen von Katholiken gegenüberstellen – in Glauben, Wissenschaft, Kunst, gelebter Liebe usw. In 2000 Jahren Geschichte hat die katholische Kirche weit weniger Menschen auf dem Gewissen als manche atheistische Ideologie in weit kürzerer Zeit.

7. Es gibt keinen Gott – diese Vorstellung ist lediglich eine Flucht aus der Realität

Religion ist das Opium des Volkes (Karl Marx). Deshalb muss die Religion, als illusorisches Glück, aufgehoben werden, um dem Streben nach wirklichem Glück Platz zu machen und die falsche, durch die Religion hervorgerufene Passivität aufzuheben. Außerdem erfinden nur die einen hilfreichen Gott im Himmel, die Hilfe nötig haben, weil sie ihr Leben nicht aus eigener Kraft zu meistern vermögen.

Entgegnung: Dass manche Menschen in schweren Lebenslagen Hilfe bei Gott zu finden glauben, sagt über die Existenz Gottes nichts. Die Behauptung, dass der Gedanke an Gott nur diese betäubende Funktion hätte, ist eben nichts anderes als eine Behauptung. Unverständlich ist auch, warum ein Mensch, der um ein Jenseits weiß und mit der Hilfe Gottes rechnet, Unrecht eher dulden oder generell zur Passivität neigen sollte. In der Geschichte zumindest zeigt sich auch vielfach das Gegenteil. Christen haben sich gegen die Sklaverei engagiert, sie haben sich für soziale Sicherungssysteme stark gemacht oder Behinderte gepflegt, als sonst kaum jemand daran dachte. Der christliche Gott will dem Menschen begegnen, ihm Verantwortung übertragen, ihn zu einem mündigen Wesen machen, ihn aber auch führen und schützen. Wenn Menschen sich nach Gottes Hilfe sehnen, ist das kein Beweis für die Nichtexistenz Gottes – so wenig die Sehnsucht nach einem Brathähnchen oder einem Ehepartner deren Existenz widerlegt.

8. Es gibt keinen Gott – eine solche Vorstellung ist nur für Schwächlinge hilfreich

Der Mensch soll das Leben bejahen und in vollen Zügen genießen. Dabei behindert ihn Gott, der nur schwache, hässliche und rückgratlose Kreaturen neben sich duldet und dem Menschen sein Leben missgönnt. Christlicher Glaube ist eine Religion der Schwachheit; Liebe und Demut sind nur für die, die sowieso nicht anders können und im Namen Gottes versuchen, die Starken niederzuhalten. Gott ist für die Schwachen, die mit ihrem Leben nicht fertig werden und sich einen übermenschlichen Helfer erfinden, meinte Friedrich Nietzsche.

Entgegnung: Genuss, Erlebnis und Konsum werden schnell zu Süchten, die nur bei ständig gesteigerten Dosen noch einen gewünschten stimulierenden Effekt haben. Es ist nicht falsch, lang und schön leben zu wollen, aber es ist zu wenig. Gott hat die Welt zur Freude der Menschen geschaffen. Die Glückssehnsucht des Menschen ist aber zu groß, als dass sie allein durch das Glück dieser Welt gestillt werden könnte. Jesus nahm zwar auch an Festen teil und verwandelte beispielsweise Wasser in Wein (Johannes 2,1ff.), letztendlich will er aber wahres, authentisches Leben geben (Johannes 14,6), um damit den unerfüllten Glückshunger zu stillen und die Langeweile mitten im Überfluss mit Sinn auszufüllen.

Christlicher Glaube wendet sich an die, die ihre Schwachheit erkannt haben, um sie stark zu machen (1. Korinther 1,25.27). Liebe und Demut sind nicht Zeichen der Schwäche, sondern der Stärke, die den Menschen aus der Herrschaft irgendwelcher Instinkte befreit. Es muss nicht unbedingt als Schwäche interpretiert werden, wenn jemand eingesteht, dass er Hilfe benötigt. Das kann auch ein Zeichen von Realismus sein. Im täglichen Leben brauchen Menschen einander und Gott. Im Umgang mit Schuld und der Suche nach dauerhaften Werten brauchen sie Hilfe von außen.

9. Es gibt keinen Gott – was wir Gott nennen, ist bloß eine Fehlleistung des Gehirns

Nach Versuchen mit dem Medikament L-Dopa und der elektrischen Stimulation des menschlichen Gehirns steht fest, dass Glaube und religiöse Erfahrungen lediglich Funktionen des »Orientierungs-Assoziations-Areals« im Scheitellappen des Gehirns sind. Gammawellen im Gehirn sind zuständig für Visionen, Wunder und Glauben.[60]

Entgegnung: Eigentlich zeichnet sich in der Forschung lediglich ab, dass dieser Teil des Gehirns bei der Wahrnehmung einer religiösen Erfahrung benutzt wird. Hier liegt sozusagen der materielle Träger eines immateriellen Ereignisses. Es wäre absurd, zu behaupten, Beten sei befriedigend erklärt, weil beobachtet wurde, wie die Stimmbänder im Hals vibrieren. Natürlich könnten diese Stimmbänder auch künstlich stimuliert werden, so dass der Mensch von außen gesteuerte Laute ausstößt. Hier wird lediglich ein materielles Werkzeug beschrieben. Wer dieses Werkzeug zu welchem Zweck benutzt, bleibt hingegen vollkommen offen. Selbstverständlich steht es Gott frei, sich irdisch-materieller Werkzeuge zu bedienen. Indem die Funktion dieser Werkzeuge beschrieben wird, ist noch vollkommen ungeklärt, wer dieses Werkzeug nutzt und was damit hergestellt oder ausgedrückt wird. Aber gerade auf dieser Ebene befindet sich Gott, der definitionsgemäß Geist ist. Wer materialistisch alles Immaterielle leugnet, wird jeden Hinweis darauf ablehnen, weil ein solcher Aspekt in seinem begrenzten Weltbild keinen Platz hat. Vollkommen ungeklärt bleibt in der Hirnforschung auch, warum Menschen früherer Epochen scheinbar frömmer waren oder warum Menschen plötzlich ihre Einstellung zu Gott ändern.

10. Es gibt keinen Gott – die Menschen müssen einfach zu viel leiden

Wenn Gott allmächtig und liebend wäre, würde er nicht das Leid der Katastrophen, Krankheiten, Kriege und Seuchen zulassen!

Entgegnung: Leid spricht nicht gegen die Existenz Gottes an sich, sondern nur gegen ein spezielles Gottesbild. Den Gott, der sich bedingungslos verpflichtet hat, stets Leiden und Krankheit von den Menschen fernzuhalten, scheint es nicht zu geben. Ehe irdische Missstände als Beweise für den Atheismus herangezogen werden, müsste auch geklärt werden, ob Gott nicht viel mehr Leid *verhindert* als er zulässt oder ob er manches Leid akzeptiert, um damit ein ihm wichtigeres Ziel zu verfolgen. Darüber hinaus darf nicht vergessen werden, dass Leiden allerhöchstens gegen einen Gott absoluter Liebe sprechen würde. Die Existenz eines Gottes, dem das Schicksal der Menschen gleichgültig ist, der sich möglicherweise sogar daran freut oder der Leiden als Erziehungsmittel verwendet, wird von menschlicher Krankheit und Tod nicht infrage gestellt.

Abb. 4: Sigmund Freud 1938

VIII. | Zehn Gründe für die Existenz Gottes

Gänzlich zufriedenstellend können diese »Gründe für Gott« natürlich nicht sein, da (a) der Gegenstand der Untersuchung nicht im unmittelbaren Einzugsbereich menschlicher Erkenntnis liegt, (b) auch die Methoden der Naturwissenschaften in diesem Bereich unsachgemäß und ungenau sind und (c) selbst die Existenz der immanenten, uns ständig gegenwärtigen Welt nicht bewiesen werden kann. Dieses haben schon die antiken Skeptiker festgestellt, die behaupteten, es sei unmöglich, endgültig und unbezweifelbar zu entscheiden, ob ich nun ein Schmetterling bin, der träumt, ein Mensch zu sein, oder ob ich ein Mensch bin, der träumt, ein Schmetterling zu sein, der träumt, ein Mensch zu sein.

1. Der statistische Gottesbeweis

Trotz einer letztlich unumgänglichen Unsicherheit des Verstandes sind alle Völker und Kulturen, die bisher die Erde besiedelt haben, mit großer Gewissheit von der Existenz eines Gottes oder mehrerer Gottheiten ausgegangen. Erst in allerneuster Zeit gibt es eine größere Gruppe von Menschen, die von sich behaupten, Atheisten zu sein. Meistens wenden diese sich jedoch lediglich gegen eine bestimmte Form des Gottesgedankens und setzen an dessen Stelle ein anderes, immanentes Gottesbild. Denn »was heißt ›einen Gott‹ haben oder was ist Gott? Antwort: Ein ›Gott‹ heißt etwas, von dem man alles Gute erhoffen und zu dem man in allen Nöten seine Zuflucht nehmen soll. ›Einen Gott haben‹ heißt also nichts anderes, als ihm von Herzen vertrauen und glauben; in diesem Sinn habe ich schon oft gesagt, dass allein das Vertrauen und Glauben des Herzens einem etwas sowohl zum Gott als zu einem Abgott macht ... woran du dein Herz hängst und worauf du dich verlässest, das ist eigentlich dein Gott« (Martin Luther, Großer

Katechismus). Insofern gibt es kaum einen Menschen, der im eigentlichen Sinn des Wortes Atheist ist.

2. Der anthropologische Gottesbeweis

Anthropologen und Ethnologen haben immer wieder darauf hingewiesen, dass die Fähigkeit zur Ausübung einer Religion eine der wesentlichen Eigenschaften ist, die den Menschen vom Tier unterscheidet. Anscheinend ist dem Menschen das Wissen von Gott angeboren, wie René Descartes schreibt.[61] Es ist nach Adolf Portmann eine *conditio humana*, eine Bedingung des Menschseins. Grundbestand dieser angeborenen Religiosität ist das Wissen von einem Gott, das den Menschen unverwechselbar von der Tierwelt trennt.

3. Der logische Gottesbeweis

Sowohl im Alltagsleben als auch in der Wissenschaft gibt es für fast alles eine konkrete Ursache. Schon vor Jahrhunderten argumentierte Thomas von Aquin deshalb, alles müsse auf eine erste Ursache, einen ersten Anstoß zurückgehen, wenn nicht angenommen werden soll, dass das gesamte Universum sich in einem ewigen kosmischen Kreislauf befindet. Wer Ursache aller anderen Ursachen ist, wer die erste Bewegung verursacht, die alles andere in Gang gesetzt hat, kann selbst keine weitere Ursache haben, wurde durch niemanden bewegt. Ähnliches behaupten Kosmologen vom Urknall, der logischer und wissenschaftlicher Startschuss für alle sich daraus ergebenen Entwicklungen gewesen sein soll. Dieser selbst unbewegte Beweger, dieser Initiator aller späteren Entwicklungen wird Gott genannt. Der Gedanke, dass alles einen konkreten Ursprung gehabt haben muss, lässt sich auch auf die Natur anwenden. Deren Komplexität und hoher Grad an Ordnung lässt am ehesten auf einen Gott als Schöpfer schließen. Der Gedanke an einen Zufall als Ursprung aller kompliziert aufeinander abgestimmten Ökosysteme wirkt wenig glaubwürdig.

Jonathan Edwards wendet eine ähnliche Überlegung auf die Zukunft an. Er geht davon aus, dass nichts einfach so, ohne Zweck existiert. Jedes Element der für uns erkennbaren Natur existiert in einem vorgegebenen Zusammenhang, mit Ziel und Sinn. Das Messer ist zum Schneiden da. Geschnitten wird, um besser essen zu können. Gegessen wird, um leben zu können... Der letzte Zweck des Menschen zielt auf die Ewigkeit, auf Gott.

4. Der moralische Gottesbeweis

Für den bedeutenden deutschen Philosophen Immanuel Kant war das Gewissen im Menschen ein eindeutiger Hinweis auf die Existenz Gottes. Im Gegensatz zu Tieren können Menschen Verantwortung übernehmen, Dinge als ethisch richtig oder falsch erkennen. Auch wenn die moralischen Vorstellungen von Land zu Land und von Generation zu Generation voneinander abweichen, gibt es auch unverrückbare Konstanten. In der Gegenwart weist Hans Küng darauf hin, dass in allen Weltreligionen ganz ähnliche ethische Richtlinien aufgestellt und als zutreffend akzeptiert werden.[62] Das scheint auf eine hinter allen Menschen stehende geistliche Instanz zu verweisen.

Der russische Dichter F. M. Dostojewskij ging davon aus, dass letztlich nur die ethischen Maßstäbe Gottes ein einigermaßen friedliches Miteinander ermöglichen: Gott ist als Autorität und Legitimation gesellschaftlicher und persönlicher Ordnung notwendig. Unter der Annahme des Atheismus müssten die Menschen konsequenterweise zur Anarchie kommen, in der jeder macht, was ihm gefällt, oder zur Diktatur, in der der Stärkste, kraft seiner Gewalt, allen anderen seinen Willen aufzwingt. Insofern ist Gott äußerst wünschenswert und notwendig für den Menschen.

5. Der evolutionäre Gottesbeweis

Von der Evolution überzeugte Menschen können auf Richard Dawkins hingewiesen werden, der behauptet, Religion habe sich durchgesetzt, weil sie einen Vorteil für das Überleben darstellt. Demnach sollte sich der Evolutions-Begeisterte doch wohl eher für den Glauben an Gott als für den Atheismus entscheiden, denn schließlich soll sich der Glaube an Gott in der Evolution als »besser« erwiesen haben. Immerhin haben bisher fast ausschließlich die Gläubigen überlebt.

6. *Der natürliche Gottesbeweis*

Als »anthropisches Prinzip« wird die Tatsache bezeichnet, dass auf der Erde exakt die Bedingungen zu finden sind, die für Leben, insbesondere menschliches Leben, notwendig sind. Der Planet Erde befindet sich beispielsweise in einem Bereich, der *Goldilocks Zone*[63] (oder habitable Zone) genannt wird. Damit wird der Bereich des Sonnensystems bezeichnet, in dem es weder zu kalt noch zu warm ist. Anderenorts würde das notwendige Wasser verdampfen oder gefrieren. Auch die nahezu kreisförmige Umlaufbahn der Erde um die Sonne passt. Wäre sie stärker elliptisch wie bei anderen Planeten, würden die klimatischen Verhältnisse unerträglich stark schwanken und Leben unmöglich machen.

Weitere interessante physikalische Aspekte, die vielleicht nur Fachleuten etwas sagen, hier aber kurz erwähnt werden sollten: Trägt man das Verhältnis von Elektronenmasse zu Protonenmasse in einem Diagramm über die Feinstrukturkonstante auf, so kann man einen Bereich angeben, außerhalb dessen kein Leben – das dem unseren gleicht – möglich ist. Zum Beispiel würde ein zu großes Massenverhältnis dazu führen, dass wegen zu großer Kernfluktuationen keine stabilen molekularen Systeme existieren könnten oder im Falle einer zu großen Feinstrukturkonstante keine Sterne existieren könnten.

All dies und noch weitaus mehr Details, die den Planeten Erde als äußerst geeigneten Wohnraum ausweisen, lassen sich durch bloßen Zufall oder durch gezielte Schöpfung erklären.

7. Der okkulte Gottesbeweis

Gut dokumentierte Beispiele übernatürlicher Phänomene aus allen Teilen der Welt zu allen Zeiten legen die Existenz einer übernatürlichen Welt ziemlich nahe. Schamanen erhalten durch jenseitige Kontakte Informationen von Verstorbenen, die niemand wissen kann. Träume zeigen den Tod eines geliebten Menschen an, der weit entfernt stirbt. Menschen sehen ein Ereignis (z. B. den Untergang der »Titanic«) über Monate hinweg voraus. Patienten berichten glaubwürdig von Erfahrungen nach ihrem klinischen Tod. Gedankenübertragung, Geistererscheinungen und andere paranormale Phänomene legen die Annahme nahe, dass es eine übernatürliche, jenseitige Welt gibt – einschließlich Gott.

8. Wunder als Gottesbeweis

Alle Religionen berichten von Wundern. Mancher erlebte eine Heilung, nachdem er Gott um Hilfe gebeten hat, einem anderen wurde in aussichtsloser Ehekrise oder in finanziellen Problemen geholfen. Manche dieser Berichte mögen nicht nachprüfbar, einige vielleicht auf Zufall oder Wunschdenken zurückzuführen sein. Ein großer Teil dieser Erfahrungen ist jedoch so eindrücklich und nach normaler Auffassung so unwahrscheinlich, dass ein Eingreifen Gottes die weitaus plausiblere Interpretation ist. Besonders eindrücklich und kaum wegzuerklären sind Wunder, die von zahlreichen Menschen parallel beobachtet wurden und für die es keine rein innerweltliche Erklärung gibt. Dazu gehören Natur- und Heilungswunder Jesu, seine von 500 Zeugen beglaubigte Auferstehung, aber auch ernstzunehmende Wunderberichte aus anderen Kulturen der Welt, die zwar wenig über die Wahrheit dieser Religion, sehr wohl aber etwas über die Existenz Gottes aussagen.

9. Der prophetische Gottesbeweis

Prophetische Aussagen, die sich Jahrhunderte später ziemlich genau erfüllen, finden sich in zahlreichen Religionen. Selbst wenn die Vorhersagen abgezogen werden, die historisch unsicher oder zu schwammig formuliert sind, bleibt eine große Menge von Prophetien, die am einfachsten erklärt werden können, wenn die darin enthaltene Information auf Gott zurückgeführt wird. Israel wird aus seinem Land vertrieben und nach einer langen Zeit in aller Herren Länder wieder in seinem angestammten Territorium wohnen (Jeremia 30,10; Hesekiel 36,24); der wesentlich später Israel verwüstende König Antiochus IV. Epiphanes wird vorhergesagt (Daniel 8,23ff.; 11,21ff.); von Jesus werden u. a. sein Geburtsort (Micha 5,1f.), der Einzug in Jerusalem (Sacharja 11,12), sein Tod, sein Begräbnis (Jesaja 53,9.12) usw. beeindruckend konkret vorhergesagt. Einige dieser Prophetien sind so deutlich, dass Kritiker annehmen, die entsprechenden Aussagen könnten erst zum Zeitpunkt ihrer Erfüllung verfasst worden sein (vaticinia ex eventu: lateinisch für »Weissagung vom Ereignis her«), auch wenn diese Zuordnungen historisch kaum belegbar sind. Andere Prophetien können auf Skeptiker ungenau wirken, weil ihnen der notwendige gesamtbiblische Hintergrund fehlt.[64]

10. Der »gewonnene« Gottesbeweis

Der französische Philosoph und Mathematiker Blaise Pascal schlug vor, im Hinblick auf die intellektuelle Unsicherheit über die Existenz Gottes zu wetten. In der Wette des Lebens ist die Wahrscheinlichkeit, zu gewinnen, immer höher, wenn ich auf die Existenz Gottes setze, auch wenn ich mir seiner Existenz nicht sicher bin. Existiert Gott nicht, erfährt der Atheist nie von seinem Triumph. Im irdischen Leben hingegen fehlen ihm feste Maßstäbe, über den Tod hinausgehende Hoffnung und Trost im Denken an Gott. Der Gläubige meint, das alles zu haben, und merkt doch seinen Irrtum nie. Wenn es Gott gibt, vergeudet der Atheist sein Leben und wird dann noch von Gott zur Rechenschaft gezogen. Der Gläubige lebt sinnvoll und wird im Jenseits auch noch dafür belohnt.

Gott erfahren?

Letztlich gibt es kaum ein stichhaltiges Argument gegen die Existenz Gottes. Entweder handelt es sich (a) um bloße Behauptungen, deren Wahrheitsgehalt geglaubt werden muss (z. B. »Gott ist eine Illusion«), oder (b) um Argumente, die sich lediglich gegen ein bestimmtes Gottesbild, nicht aber gegen seine Existenz wenden (z. B. »Es gibt keinen Gott, weil Menschen leiden«), oder (c) um Kritik an einzelnen Religionen/Konfessionen, die aber Gott nicht trifft (z. B. »Muslime/Katholiken haben viele Menschen auf dem Gewissen«).

Eigentlich laufen die meisten Argumente gegen Gott auf zwei Grundaussagen hinaus: »Gott passt mir nicht!« oder »Ich habe noch keinen guten Grund, von der Existenz eines Gottes auszugehen!«. Im ersten Fall handelt es sich um eine rein subjektive Meinungsäußerung, die natürlich keinem verwehrt werden kann, wobei beachtet werden sollte, dass die Existenz Gottes keine Geschmacksfrage oder das Hobby gelangweilter Religiöser ist. Es handelt sich um eine Aussage über einen Aspekt der Realität, die alle Menschen gleichermaßen betrifft. Diese Realität lässt sich durch subjektives Fürwahrhalten kaum beeinflussen. Sowenig Bakterien verschwinden, weil ich sie nicht sehe und nicht an sie glaube, sowenig verschwindet Gott, wenn er mir nicht passt oder ich bei meiner Recherche bisher nicht auf ihn gestoßen bin. Die Frage, was denn für die Existenz Gottes spricht, ist selbstverständlich legitim. Wer aber ernsthaft nach Argumenten für die Existenz Gottes fragt, kann nicht gleichzeitig seine Nichtexistenz behaupten, sonst wäre jedes weitere Gespräch überflüssig. Eine weitere Argumentation müsste also ergebnisoffen verlaufen. Dabei muss festgehalten werden, dass es einen naturwissenschaftlichen Beweis für Gott nicht geben kann, weil die Naturwissenschaft weder über das nötige Instrumentarium verfügt, Gott nachzuweisen, noch die Möglichkeit hat, Gott als Untersuchungsgegenstand zu verpflichten.

Da sich Gott bisher nicht für private Untersuchungszwecke zur Verfügung gestellt hat (warum sollte er auch?), müssen sich interessierte Menschen mit seinen Selbstäußerungen beschäftigen und die Spuren untersuchen, die sein Handeln auf der Erde möglicherweise hinterlassen hat. Es geht also weniger um naturwissenschaftliche Beweise als vielmehr um Indizien, mehr oder weniger deutliche Hinweise auf Gott in unserer Lebenswelt und der unserer historischen Vorfahren. Und da kann der interessierte Zeitgenosse durchaus fündig werden.

Gewissheit über die Existenz Gottes erhält demnach der, der sich auf eine persönliche Beziehung mit Gott einlässt (vgl. Matthäus 7,8; Johannes 7,17; 1. Johannes 1,1-4). Christen berichten von außergewöhnlichen Gebetserhörungen, radikalen Lebensveränderungen und einer dauerhaften inneren Gewissheit – durch den Heiligen Geist. Natürlich kann diese Beziehung so wenig erzwungen werden wie die Liebesbeziehung zu irgendeinem Menschen. Umgekehrt kann aber eine aussagekräftige Gewissheit über die Existenz oder den Charakter eines anderen Menschen erst durch die wie auch immer geartete Beziehung zu der entsprechenden Person gewonnen werden.

Abb. 5: Blaise Pascal, Porträt von Louis-Isaac Lemaistre de Sacy

IX. Zehn Aussagen der Bibel über Gott[65]

1. Gott als Sein
»Gott spricht: Ich bin, der ich bin ... das ist mein Name in Ewigkeit, mit dem man mich anrufen soll« (2. Mose 3,14f.).

2. Gott als Licht
»... Gott ist Licht und gar keine Finsternis ist in ihm« (1. Johannes 1,5).

3. Gott als Geist
»Gott ist Geist, und die ihn anbeten, müssen in Geist und Wahrheit anbeten« (Johannes 4,24).

4. Gott ist unfassbar
»Denn meine Gedanken sind nicht eure Gedanken, und eure Wege sind nicht meine Wege, spricht der Herr, sondern so viel der Himmel höher ist als die Erde, so sind auch meine Wege höher als eure Wege und meine Gedanken höher als eure Gedanken« (Jesaja 55,8f.).

5. Gott erfüllt alles
»Bin ich nur ein Gott, der nahe ist, spricht der Herr, und nicht auch ein Gott, der fern ist? Meinst du, dass sich jemand so heimlich verbergen könnte, dass ich ihn nicht sehe?, spricht der Herr. Bin ich es nicht, der Himmel und Erde erfüllt?, spricht der Herr« (Jeremia 23,23f.).

6. Gott ist intellektuell nicht zu fassen
»Niemand erkennt den Sohn [Jesus] als nur der Vater [Gott]; und niemand erkennt den Vater als nur der Sohn und wem es der Sohn offenbaren will« (Matthäus 11,27).

7. Gott ist einzig

»Alle Götter der Völker sind Nichtse, Jahwe [Gott] aber hat den Himmel gemacht« (Psalm 96,5).

8. Gott zeigt sich

»Durch den Glauben erkennen wir, dass die Welt durch Gottes Wort erschaffen wurde, so dass alles, was man sieht, aus nichts entstanden ist« (Hebräer 11,3).

9. Gott ist unsichtbar und ewig

»Sein [Gottes] unsichtbares Wesen, sowohl seine ewige Kraft als auch seine Göttlichkeit, wird seit Erschaffung der Welt in der Natur wahrgenommen, so sind sie [die Menschen] ohne Entschuldigung« (Römer 1,20).

10. Gott liebt Menschen

»Denn so sehr hat Gott die Welt geliebt, dass er seinen einzigen Sohn dahingab, damit alle, die an ihn glauben, nicht verlorengehen, sondern ewiges Leben haben« (Johannes 3,16).

X. | Zehn Tipps für Gespräche mit Atheisten

1. Erfragen Sie die genauen Gründe, warum der Gesprächspartner die Existenz Gottes ablehnt. Viele Menschen leugnen Gott, weil das in ihrer Umgebung so üblich ist. Andere sind gegen Gott aufgebracht, weil sie mit einer schweren Lebenskrise zu tun haben oder weil Gott nicht so gehandelt hat, wie sie es sich gewünscht haben. Hier sind vielleicht eher Anteilnahme und Gebet gefragt als intellektuelle Argumente.

2. Antworten Sie nicht sofort mit Argumenten für die Existenz Gottes, weil der andere noch fest von seiner Weltinterpretation überzeugt ist und deshalb alle Alternativen selbstsicher verwirft. Alle Indizien, die für Gott sprechen, wird er anhand seiner Denkprinzipien kritisieren.

3. Überprüfen Sie die Gründe gegen Gott auf ihre Stichhaltigkeit und Logik. Achten Sie insbesondere darauf, ob nicht nur ein bestimmtes Gottesbild oder irgendwelche Religionen infrage gestellt werden.

4. Werden lediglich Behauptungen aufgestellt, wie der Gedanke an Gott alternativ erklärt werden könnte (Einbildung, Wunschdenken, Psychose, evolutionärer Vorteil...), fragen Sie nach Beweisen für diese Interpretationen.

5. Machen Sie deutlich, dass Gott prinzipiell mit keiner bisher bekannten wissenschaftlichen Methode untersucht werden kann, wenn er sich dazu nicht zur Verfügung stellt. Da er das bisher unterlassen hat, können alle relevanten Aussagen über Gott nur auf die Spuren seines Handelns oder auf seine Selbstmitteilungen zurückgehen.

6. Zeigen Sie, dass auch andere Bereiche der Lebensrealität nur unzureichend durch die Naturwissenschaft beschrieben werden können, ohne dass deren Echtheit infrage steht (Freundschaft, Leben, Willensfreiheit ...).

7. Lassen Sie sich nicht durch Provokationen oder direkte Angriffe auf den christlichen Glauben zu Ärger oder voreiligen Verteidigungsversuchen verleiten. Kritik am Atheismus muss sich auf die vom Gesprächspartner akzeptierten Denkgrundlagen beziehen (z. B. Logik, Alltagserfahrung, wissenschaftliche Daten usw.).

8. Argumentieren Sie nicht zu schnell für einen christlichen Gott. Welche Religion Gott am zutreffendsten beschreibt, hat nichts mit der Frage nach seiner Existenz zu tun. Mögliche Eigenschaften, Verhaltensweisen oder Namen Gottes spielen keine Rolle, wenn es darum geht, zu klären, ob es ihn überhaupt gibt. Diskussionen über die Farbe von Marsmenschen sind irrelevant, wenn noch nicht sicher ist, ob sie existieren.

9. Erklären Sie die Indizien für die Existenz Gottes und machen Sie deutlich, dass es sich dabei nicht um Beweise im naturwissenschaftlichen Sinn handelt.

10. Zeigen Sie auf, dass es sich bei der Frage nach der Existenz Gottes nicht um eine mit wissenschaftlichen Mitteln lösbare Angelegenheit handelt, sondern dass nach gewissenhafter Prüfung aller relevanten Indizien mit einem gewissen Rest an Ungewissheit eine Grundlagenentscheidung getroffen werden muss.

Allgemeine Literatur

- Hans-Peter *Dürr*, Physik und Transzendenz. Die großen Physiker unseres Jahrhunderts über ihre Begegnung mit dem Wunderbaren, München: Scherz 1986
- Nicholas *Everitt*, The Non-Existence of God, New York: Routledge 2004
- Heinz *Fastenrath*, Abiturwissen: Religionskritik, Stuttgart: Klett Verlag 1993
- Jean *Guitton*/Grichka *Bogdanov*/Igor *Bogdanov*, Gott und die Wissenschaft. Auf dem Weg zum Meta-Realismus, München: Artemis 1993
- Reinhard *Löw*, Die neuen Gottesbeweise, Augsburg 1994
- J.L *Mackie*, Das Wunder des Theismus: Argumente für und gegen die Existenz Gottes, Stuttgart: Reclam 1985
- Fritz *Mauthner*, Der Atheismus und seine Geschichte im Abendland, Stuttgart, Nachdruck bei Georg Olms, Hildesheim 1985
- Georges *Minois*, Geschichte des Atheismus. Von den Anfängen bis zur Gegenwart, Weimar: Hermann Böhlaus Nachf. 2000
- Claudios *Pizzi*, Existenz und Nichtexistenz Gottes: Anmerkungen aus logischer Sicht, in: Logos: Zeitschrift für systematische Philosophie 6 (1999) Heft 1
- Friedo *Ricken* (Hrsg.), Klassische Gottesbeweise in der Sicht der gegenwärtigen Logik und Wissenschaftstheorie, 2. Aufl., Stuttgart: W. Kohlhammer 1998
- Wolfgang *Stegmüller*, Hauptströmungen der Gegenwarts-Philosophie, Bd. 4, Stuttgart: Kröner 1989
- Magnus *Striet*, Wiederkehr des Atheismus, Freiburg: Herder 2008
- Richard *Swinburne*, Die Existenz Gottes, Stuttgart: Reclam 1987
- Wilhelm *Weischedl*, Der Gott der Philosophen, Darmstadt: Wissenschaftliche Buchgesellschaft 1998 (Nachdruck von 1975[3])
- Bela *Weissmahr*, Philosophische Gotteslehre, Stuttgart: Kohlhammer 2002

Atheistische Literatur

- Hans *Albert*, Kritischer Rationalismus. Vier Kapitel zur Kritik illusionären Denkens, Tübingen: Mohr Siebeck 2000
- Pascal *Boyer*, Und Mensch schuf Gott, Stuttgart: Klett-Cotta 2004
- Edgar *Dahl* (Hrsg.), Die Lehre des Unheils. Fundamentalkritik am Christentum, München: Goldmann 1995
- Richard *Dawkins*, Der Gotteswahn, Berlin: Ullstein 2007
- Karlheinz *Deschner*, Der gefälschte Glaube. Die wahren Hintergründe der kirchlichen Lehren, München: Heyne 1991
- Karlheinz *Deschner*, Der gefälschte Glaube, München: Knesebeck 2004
- Ludwig *Feuerbach*, Vorlesungen über das Wesen der Religion, Leipzig: Verlag von Otto Wigand 1851/Gesammelte Werke Bd. 6/ Berlin: Akademie Verlag 2009
- Sigmund *Freud*, Die Zukunft einer Illusion, Leipzig/Wien/Zürich: Internationaler Psychoanalytischer Verlag 1927/Frankfurt: Fischer 2005
- Sigmund *Freud*, Totem und Tabu, Leipzig/Wien/Zürich: Internationaler Psychoanalytischer Verlag 1925/Frankfurt: Fischer 1998
- Gerd *Haffmans*, Kleiner Atheismus-Katechismus, Zürich: Haffmans Verlag 1994
- Sam *Harris*, Das Ende des Glaubens. Religion, Terror und das Licht der Vernunft, Winterthur: Edition Spuren 2007
- Alasdair *MacIntyre*/Paul *Ricoeur*: Die religiöse Kraft des Atheismus, Freiburg: Alber 2002
- David *Mills*, Atheist Universe, Philadelphia: Xlibris Corporation 2004
- Friedrich *Nietsche*, Fröhliche Wissenschaft, Leipzig: Naumann 1887/in: Sämtliche Werke, Kritische Studienausgabe, hrsg. von G.Colli/M.Montinari, Bd.3, Berlin 1980/München: dtv 2005
- Michel *Onfray*, Wir brauchen keinen Gott. Warum man jetzt Atheist sein muss, 3. Aufl., München: Piper 2007
- Bertrand *Russel*, Warum ich kein Christ bin, Dresden: Kreis der Freunde monistischen Schrifttums 1932/erweiterte Aufl., München: Szczesny-Verlag 1963/Reinbeck b. H.: Rowohlt 1994
- Ernst F. *Salcher*, Gott? Das Ende einer Idee, Bad Homburg: Vas-Verlag für Akademische Schriften, 2007
- Martin *Urban*, Warum der Mensch glaubt, Frankfurt a. M.: Eichborn 2005

- *Voltaire*: Candide oder Der Optimismus, o. O. 1759/München: dtv, Beck 2006

Christlich-theistische Literatur

- Klaus *Bockmühl*, Die Argumente für die Existenz Gottes, Werkausgabe, Bd. II,1., Gießen: Brunnen 1999
- John *Clayton*, Das Gottesproblem, Paderborn: Schöningh 2001
- William L. *Craig*, Die Existenz Gottes und der Ursprung des Universums, Wuppertal: R.Brockhaus 1989
- Douglas *Geivett*/Gary *Habermas*: In Defense of Miracles: A Comprehensive Case or God's Action in History, Leicester: Inter Varsity Press 1997
- Volker *Kessler*, Ist die Existenz Gottes beweisbar? Neue Gottesbeweise im Licht der Mathematik, Informatik, Philosophie und Theologie, Gießen: Brunnen 1999
- Volker *Kessler*/Andreas *Solymosi*, Ohne Glauben kein Wissen, Berneck: Schwengeler 1995
- Hans *Küng*, Existiert Gott?, München: Piper 1978, Neuauflage 2001
- John *Lennox*, Hat die Wissenschaft Gott begraben? Eine kritische Analyse moderner Denkvoraussetzungen, 7. Aufl. Wuppertal: R.Brockhaus 2002/erweiterte Neuauflage 2008
- Clive Staples *Lewis*, Pardon, ich bin Christ!, zahlreiche Aufl., Gießen: Brunnen 2002
- Manfred *Lütz*, Gott, Augsburg: Pattloch 2007
- Alister *McGrath*, Naturwissenschaft und Religion, Freiburg: Herder 2001
- Alister *McGrath*/Joanna *Collicutt McGrath*, Der Atheismus-Wahn, Asslar: Gerth Medien 2007
- John Warwick *Montgomery*, Tractatus-Logico-Theologicus, 2. Aufl., Bonn: VKW 2003
- Alvin *Plantinga*, Warranted Christian Belief, New York/Oxford: Oxford University Press 2000
- Joseph *Ratzinger*/Paolo *Flores d'Arcais*, Gibt es Gott? Wahrheit, Glaube, Atheismus, Berlin: Wagenbach 2006
- Francis *Schaeffer*, Gott ist keine Illusion, Wuppertal: R.Brockhaus 1974, Nachdruck 1991

- Robert *Spaemann*/Rolf *Schönberger*, Der letzte Gottesbeweis, Augsburg: Pattloch 2007
- Thomas *von Aquin*: Summe gegen die Heiden, hrsg. und übers. v. Karl Albert und Paulus Engelhardt unter Mitarbeit von Leo Dümpelmann, Darmstadt: Wissenschaftliche Buchgesellschaft 2001
- Frank J.*Tippler*, Die Physik der Unsterblichkeit. Moderne Kosmogonie, Gott und die Auferstehung der Toten, München: Piper 1994, Nachdruck 2001

Atheismus im Internet

- http://www.ibka.org/ (Internationaler Bund der Konfessionslosen und Atheisten)
- http://www.brights-deutschland.de/ (Brights, Atheistenvereinigung)
- http://www.giordano-bruno-stiftung.de/ (Giordano Bruno Stiftung, Atheistenvereinigung)
- http://www.humanistische-union.de/ (Humanistische Union, atheistische Vereinigung)
- www.freidenker.de (Deutscher Freidenker-Verband)
- http://www.positiveatheism.org/index.shtml (Artikel zum Atheismus und zu Gottesbeweisen)
- http://plato.stanford.edu/entries/atheism-agnosticism/ (Lexikonartikel zum Atheismus)
- http://de.wikipedia.org/wiki/Gottesbeweis (Lexikoneintrag zu Gottesbeweisen)
- http://www.atheismus-online.de/ (Volker Dittmars Seite für den Atheismus)
- http://www.infidels.org/library/modern/graham_oppy/ (Graham Oppys Seite über Gottesbeweise)
- http://www.philolex.de/gottesbe.htm (Gottesbeweise und ihre Kritik)
- http://buber.de/christl/unterrichtsmaterialien/ (Auseinandersetzung mit L. Feuerbachs, F. Nietzsches und S. Freuds Argumenten gegen Gott)
- http://rz-home.de/~ahipler/kritik/gegenkr.htm (Gründe gegen klassische Gotteskritik)
- http://user.uni-frankfurt.de/~feltin/ (klassische Gottesbeweise)
- http://www.karl-leisner-jugend.de/Gottesbeweise.htm (Gottesbeweise für heute erklärt)

Anmerkungen

1 Richard *Dawkins*, in: Alexander *Smoltczyk*, »Der Kreuzzug der Gottlosen«, in: Der Spiegel 22/2007, S. 58.

2 ebd.

3 Zitate von Michel *Onfray* aus dem Interview mit Rafaela *von Bre-
dow* und Stefan *Simons*, Der Spiegel 22/2007, S. 60 f.

4 Vgl. Alexander *Smoltczyk*, »Der Kreuzzug der Gottlosen«, in: Der
Spiegel 22/2007, S. 61-63.

5 Jürgen *Habermas*, zitiert in: *Smoltczyk*, a. a. O.

6 *Smoltczyk*, a. a. O., S. 56.

7 das Zusprechen menschlicher Eigenschaften an nichtmenschliche
Wesen oder Gegenstände.

8 Vgl. Smail *Balic*, Art. »Atheismus. Islamisch«, in: Adel Theodor
Khoury, Lexikon religiöser Grundbegriffe, Wiesbaden: Marixverlag
2007, Sp. 73 f.

9 »Alles nun, was ihr wollt, dass die Menschen euch tun, das tut
ihnen ebenso« (Matthäus 7,12) ist hier die christliche Variante;
allerdings ist diese Aussage in vielen Religionen und Philosophien
ähnlich zu finden.

10 Ludwig *Feuerbach*, Vorlesungen über das Wesen der Religion, Leipzig 1851, XX. Vorlesung, in: *ders.*, Gesammelte Werke 6, Berlin:
Akademie-Verlag 1984[3]

11 Friedrich *Nietzsche*, Die fröhliche Wissenschaft, in: Sämtliche
Werke, Kritische Studienausgabe, Bd. IV, hrsg. von Giorgio *Colli*/
Mazzino *Montinari*, Berlin: de Gruyter 1980, S. 102.

12 folgende Zitate aus: Richard *Dawkins*, Der Gotteswahn, Berlin:
Ullstein 2007.

13 Daniel C. *Dennett*, »The Bright Stuff«, in: New York Times, 12. Juli
2003.

14 Vgl. »*McGrath*: Dawkins will Atheisten im Glauben bestärken«, in:
http://neun.scm-digital.net/show.sxp/1853_mcgrath_dawkins_
will_atheisten_im_glauben_best_rke.html, vom 17. 2. 2008
(Artikel www.jesus.de).

15 Vgl. Volker *Kessler*, Ist die Existenz Gottes beweisbar?, Gießen:
Brunnen 1999, S. 11-19; 114-118.

16 Vgl. Karen *Gloy*, Das Verständnis der Natur, Bd. 1, München: Beck
1995, S. 134-161; Joseph *Needham*, Wissenschaft und Zivilisation
in China, Frankfurt: Suhrkamp 1984; Hans Joachim *Störig*, Kleine

Weltgeschichte der Wissenschaft, Stuttgart: Kohlhammer 1965[3] (Nachdruck: Frankfurt: Fischer 2007).

[17] Vgl. positive Beispiele zur Verbindung zwischen Glauben und Naturwissenschaft in: Hans Peter *Dürr,* (Hrsg.), Physik und Transzendenz. Die großen Physiker unseres Jahrhunderts über ihre Begegnung mit dem Wunderbaren, München: Scherz 1990[4]; *ders. u. a.,* Gott, der Mensch und die Wissenschaft, Augsburg: Pattloch 1997.

[18] Vgl. Niccolò *Guicciardini,* Newton. Ein Naturphilosoph und das System der Welten, Heidelberg: Spektrum 2001[3], S. 40-43; 82-84; Richard S. *Westfall,* Isaac Newton. Eine Biographie, Heidelberg: Spektrum 1996.

[19] Die folgenden Zitate aus: »Der Dawkins-Wahn: Wissenschaftler kritisieren den neuen Atheismus«, in: http://neun.scm-digital. net/show.sxp/1776_der_dawkins-wahn__wissenschaftler_kritisieren_den__n.html, vom 26.9.2007 (Artikel auf www.jesus.de).

[20] Vgl. Bas *Kast*: Das Gottesvirus, in: Tagesspiegel, 18.9.2007, http://www.tagesspiegel.de/magazin/wissen/Religion-Richard-Dawkins-Meisner;art304,2381385

[21] Hier sind insbesondere die Arbeiten des Biologen David Sloan Wilson sowie des Wissenschaftsphilosophen Elliott Sober zu nennen. Ihre Multilevel-Selektionstheorie verbindet den weiter verbreiteten Ansatz der Selektion auf der Ebene der Gene sowie die Selektion auf Ebene der Individuen mit der Gruppenselektion (z. B. von Familie zu Familie).

[22] Vgl. Thomas *Kuhn,* Die Struktur wissenschaftlicher Revolutionen, Frankfurt: Suhrkamp 2003 (Nachdruck der 2. überarb. Aufl. 1970).

[23] Vgl. Federico *Di Trocchio,* Der große Schwindel. Betrug und Fälschung in der Wissenschaft, Reinbek: Rowohlt 1999.

[24] Vgl. Hans *Ottomeyer*/Rosmarie *Beier-de Haan,* Hexenwahn. Ängste der Neuzeit, http://www.dhm.de/ausstellungen/hexenwahn/vorwort.htm, 3.5.2002; vgl. http://www.hexenforschung.historicum. net, 15.2.2005.

[25] Vgl. Stéphane *Courtois* u. a., Das Schwarzbuch des Kommunismus. Unterdrückung, Verbrechen und Terror, München: Piper 1998.

[26] Vgl. zur Überlieferung der Bibel: John *Wenham,* Jesus und die Bibel. Autorität, Kanon und Text des Alten und Neuen Testaments, Holzgerlingen: Hänssler 2000; Frederick F. *Bruce,* Die Glaubwürdigkeit der Schriften des Neuen Testaments, Bad Liebenzell: Verlag der Liebenzeller Mission 1976[2].

27 Vgl. Michael *Kotsch*, Sakrileg. Geheime Evangelien?, Lage : Logos 2006[2], S. 50 ff.

28 Vgl. Terry *Eagleton*, »Lunging, Flailing, Mispunching«, in: London Review of Books, 19. Oktober 2006, http://www.lrb.co.uk/v28/n20/eagl01_.html.

29 Vgl. Dinesh *D'Souza*: »Not So ›Bright‹«, in: Wall Street Journal, 12. Oktober 2003, http://www.opinionjournal.com/extra/?id=110 004 153.

30 Vgl. Helmut *Seiffert*/Gerard *Radnitzky*, Handlexikon zur Wissenschaftstheorie, München: dtv 1994[2].

31 Vgl. Otto Peter *Obermeier*, Poppers »Kritischer Rationalismus«. Eine Auseinandersetzung über die Reichweite seiner Philosophie, München: Vögel 1980.

32 Vgl. Hans-Georg *Gadamer*: Wahrheit und Methode, Tübingen: Mohr, 1965[2].

33 Vgl. Paul *Hoyningen-Huene*, Die Wissenschaftsphilosophie Thomas S. Kuhns, Braunschweig: Vieweg 1989.

34 Vgl. Hans-Georg *Lichtenberg*; Art. »Logik«, in: *Seiffert/Radnitzky*, a. a. O., insbesondere Abschnitt II: »Prädikatenlogik«, S. 192-196.

35 Zitate nach: »Antony Flew: Der Atheist, der konvertierte«, in: http://neun.scm-digital.net/show.sxp/3573_antony_flew_der_atheist_der_konvertierte.htm, vom 7.11.2007 (Artikel www.jesus.de).

36 Vgl. Jean *Guitton*/Grichka und Igor *Bogdanov*, Gott und die Wissenschaft, München: dtv 1996; Antonio R. *Damasio*: Descartes' Irrtum. Fühlen, Denken und das menschliche Gehirn, Berlin: List 2004.

37 *Clemens von Alexandria*, Stromateis IV 156,1.

38 *Anselm von Canterbury*, Proslogion I, lat.-dt. Ausgabe von Franciscus Salesius *Schmitt O. S. B.*, Stuttgart-Bad Cannstatt: Frommann 1962, S. 83.

39 Vgl. Wilhelm *Weischedel*, Der Gott der Philosophen, Bd. 1, Darmstadt: Wissenschaftliche Buchgesellschaft 1971, S. 106-110.

40 Vgl. Alister E. *McGrath*, Naturwissenschaft und Religion, Herder: Freiburg 2001, S. 164-167.

41 Fraktale (Begriff von Benoît Mandelbrot) sind natürlich entstehende Strukturen in der Natur und der Geometrie, die aus verkleinerten Kopien ihrer selbst zusammengesetzt sind (z. B. Farne,

Kristalle, Kochsche Schneeflocke, Pythagoras Baum, Newton Fraktal).

[42] Die vier Maxwellschen Gleichungen beschreiben die Erzeugung von elektrischen und magnetischen Feldern durch Ladungen und Ströme sowie die Wechselwirkung zwischen diesen beiden Feldern, die bei zeitabhängigen Feldern als Zeitentwicklung in Erscheinung tritt. Sie sind die Grundlage der Elektrodynamik und der theoretischen Elektrotechnik (Anwendung in der Relativitätstheorie und der Quantenelektrodynamik u.a. in der Berechnung von Licht-Photonen) und wurden von James Clerk Maxwell (1831–1879) entwickelt.

[43] Steven *Weinberg*: Dreams of Final Theory. The Search for the Fundamental Laws of Nature, London: Hutchinson Radius 1993, S. 119.

[44] Vgl. *Anselm von Canterbury*, a.a.O., S. 82-85.

[45] Bei der *reductio ad absurdum* wird eine Aussage widerlegt, indem gezeigt wird, dass aus ihr entweder ein logischer Widerspruch oder ein Widerspruch zu einer bereits anerkannten These folgt.

[46] Vgl. Reiner *Wimmer*, »Ontologischer Gottesbeweis«, in: Jürgen *Mittelstraß* (Hrsg.), Enzyklopädie Philosophie und Wissenschaftstheorie, Bd. 1, Stuttgart: Metzler 1995, S. 800-804.

[47] Vgl. Thomas *von Aquin*, Summa theologiae, Gottes Dasein und Wesen, I. 1–13, lat.-dt., Salzburg/Leipzig: Pustet 1934.

[48] *McGrath*, a.a.O., S. 116.

[49] Vgl. Hans *Waldenfels*, Kontextuelle Fundamentaltheologie, Paderborn: Schöningh 1988[2], S. 134 f.

[50] *McGrath*, a.a.O., S. 117.

[51] Blaise *Pascal*, Pensées. Über die Religion und über einige andere Gegenstände, hrsg. von Ewald *Wasmuth*, Heidelberg: Schneider 1978[8], Fragment 278.

[52] Isaac *Newton*, Sir Isaac Newton's Optik oder Abhandlung über Spiegelungen, Brechungen, Beugungen und Farben des Lichts (1704), Buch III, übers. u. hrsg. von William *Abendroth*, Leipzig: Engelmann 1898, S. 121.

[53] Isaac *Newton*, Mathematische Prinzipien der Naturlehre, übers. u. hrsg. von Jakob Ph. *Wolfers*, Berlin: Rob. Oppenheim 1872, S. 510.

[54] Vgl. Johannes *Wickert*, Isaac Newton, Reinbek: Rowohlt 1995, S. 93-103.

[55] Immanuel *Kant*, Werke in sechs Bänden, hrsg. von Wilhelm *Weischedel*, Wiesbaden: Insel 1957ff., II S. 547.

[56] *Kant*, Werke, IV S. 256, vgl. IV S. 139; 161; 583.

[57] *Kant*, Werke, IV S. 263; VI S. 107.

[58] *Kant*, Werke, III S. 276f.

[59] Eduard *von Hartmann*, Geschichte der Metaphysik II, Leipzig: Haacke 1900, S. 444.

[60] Vgl. Martin *Urban*, Warum der Mensch glaubt, Frankfurt: Eichborn 2005, S. 37-44.

[61] Vgl. René *Descartes*, Meditationes de prima philosophia, lat.-dt., hrsg. von Lüder *Gäbe*, Hamburg: Meiner 1977, III S. 37-39; VII S. 51.

[62] Vgl. Hans *Küng*, Projekt Weltethos, München: Piper 1990, S. 16; 81f.; 84; 138f.; 160f.

[63] Der Begriff wurde abgeleitet von der amerikanischen Kindergeschichte »Goldilock und die drei Bären« von Robert Southey (1837). Im Haus von drei (vorübergehend abwesenden) Bären taucht das Mädchen Goldilock auf und probiert alles Mögliche aus, was es dort vorfindet: So ist etwa der Porridge (Haferbrei) des Bärenvaters für Goldilock zu heiß, der Porridge der Mutter zu weich und der des Bärenbabys gerade richtig. Ähnlich ist es mit anderen Dingen, die Goldilock im Haus der Bären vorfindet.

[64] Vgl. Josh *McDowell*, Die Fakten des Glaubens, Holzgerlingen: Hänssler 2003, S. 314-341.

[65] Die Bibelverse wurden vom Autor in verständlicher Sprache neu übersetzt.

Thomas Schirrmacher
Christenverfolgung heute
Tb., 12 x 19 cm, 96 S.,
Nr. 394.908, ISBN 978-3-7751-4908-2

Thomas Schirrmacher
Die neue Unterschicht
Tb., 12 x 19 cm, 128 S.,
Nr. 394.674, ISBN 978-3-7751-4674-6

Christine Schirrmacher
Die Scharia
Tb., 12 x 19 cm, 96 S.,
Nr. 394.657, ISBN 978-3-7751-4657-9

Thomas Schirrmacher
Koran und Bibel
Tb., 12 x 19 cm, 128 S.,
Nr. 394.802, ISBN 978-3-7751-4802-3

Thomas Schirrmacher
Moderne Väter
Tb., 12 x 19 cm, 96 S.,
Nr. 394.609, ISBN 978-3-7751-4609-8

Thomas Schirrmacher
Multikulturelle Gesellschaft
Tb., 12 x 19 cm, 96 S.,
Nr. 394.576, ISBN 978-3-7751-4576-3

Thomas Zimmermanns
Meinungs- und Pressefreiheit
Tb., 12 x 19 cm, 96 S.,
Nr. 394.577, ISBN 978-3-7751-4577-0

Thomas Schirrmacher

Koran und Bibel

Tb., 12 x 19 cm, 128 S.
Nr. 394.802,
ISBN 978-3-7751-4802-3

Zwei Bücher, die die Welt bewegen: Koran und Bibel. Weltweit berufen sich mehr als drei Milliarden Menschen auf die beiden Bücher – die Hälfte der Menschheit.

Auch wenn beide Schriften »Gottes Wort« genannt werden, können sie nicht unterschiedlicher sein: in Entstehung, Stil und Botschaft. Endlich erfahren Sie kurz und bündig, was Koran und Bibel verbindet und trennt.

Bitte fragen Sie in Ihrer Buchhandlung nach diesem Buch!
Oder schreiben Sie an: SCM Hänssler, D-71087 Holzgerlingen.

Christine Schirrmacher

Die Scharia

Tb., 12 x 19 cm, 96 S.,
Nr. 394.657,
ISBN 978-3-7751-4657-9

»Scharia« – wofür steht der Begriff eigentlich? Christine Schirrmacher erläutert in allgemeinverständlicher Form ihre Entstehungsgeschichte und ihren Inhalt. Sie erklärt, warum die Mehrzahl der Muslime sie als Weisung für alle Lebensbereiche betrachten, die – zumindest öffentlich – nicht hinterfragt werden darf. Die Scharia beinhaltet das Strafrecht, das Familien-, Erb- und Eherecht sowie die religiösen Gebote. Der bekannten Islamwissenschaftlerin geht es aber nicht nur um die Theorie des Rechts, sondern auch um seine praktischen Auswirkungen. Denn verschiedene islamische Gruppierungen wollen der Scharia auch in Europa Geltung verschaffen.

Bitte fragen Sie in Ihrer Buchhandlung nach diesem Buch!
Oder schreiben Sie an: SCM Hänssler, D-71087 Holzgerlingen.